Milagres

C. S. Lewis

Milagres

Tradução
Ana Schäffer

Vida

Miracles by C. S. Lewis
© C. S. Lewis Pte Ltd. 1947
Publicado por Editora Vida
sob licença de The C. S. Lewis Company Ltd.
edição publicada originalmente por
HARPERCOLLINS PUBLISHERS, LTD.
(Hammersmith, London, United Kingdom)

■

Todas as citações bíblicas foram extraídas da
Nova Versão Internacional (NVI),
©2001, publicada por Editora Vida,
salvo indicação em contrário.

■

Coordenação editorial: Sônia Freire Lula Almeida
Edição: Renato Basile e Judson Canto
Revisão: Sérgio Barbosa de Souza
Diagramação: Set-up Time
Capa: Moema Cavalcanti

EDITORA VIDA
Rua Júlio de Castilhos, 280 Belenzinho
CEP 03059-000 São Paulo, SP
Tel.: 0 xx 11 6618 7000
Fax: 0 xx 11 6618 7050
www.editoravida.com.br
www.vidaacademica.net

Dados Internacionais de Catalogação na Publicação (CIP)
(Câmara Brasileira do Livro, SP, Brasil)

Lewis, C. S., 1898-1963.
Milagres / C. S. Lewis ; tradução Ana Schäffer. — São Paulo : Editora Vida, 2006.

Título original: *Miracles.*
Bibliografia.
ISBN 85-7367-958-1

1. Milagres I. Título.

06-5550 CDD-231.73

Índice para catálogo sistemático:

1. Milagres : Cristianismo 231.73

PARA

CECIL E DAPHNE HARWOOD

Meteorito

Entre colinas, um meteorito,
Com musgo a cobri-lo, imenso se guarda,
Os ventos e as chuvas com toques benditos
Da rocha os contornos, abrandam com calma.

Assim pode a Terra tão fácil sorver
As cinzas das chamas do véu sideral,
E pode a visita lunar envolver,
Como ao nativo de um feudo real.

Nem é de estranhar que tais caminhantes,
No seio da Terra encontrem seu lar,
Pois cada partícula nela constante,
Primeiro surgiu do espaço estelar.

Tudo que é Terra já foi céu um dia;
Do sol do passado a Terra surgiu,
Ou de alguma estrela talvez erradia,
Que, perto demais do Sol, explodiu.

Se gotas tardias então inda caem,
Do espaço celeste neste chão criador
É que ainda aqui opera com força do além,
A alegre torrente de chuva e esplendor

C. S. L.
Reimpresso com permissão de
Time and Tide

Sumário

Capítulo um
O propósito deste livro

> Aqueles que desejam alcançar o sucesso devem fazer as perguntas preliminares certas.
>
> Aristóteles, *Metafísica*

Em toda a minha vida, conheci apenas uma pessoa que afirma ter visto um fantasma. O mais interessante é que essa pessoa não acreditava na imortalidade da alma antes de tê-lo visto e continua não acreditando. Diz que aquilo que viu deve ter sido uma ilusão ou uma peça pregada pelos seus nervos. É provável que esteja certa. Ver não é crer.

Por essa razão, a pergunta sobre a existência de milagres jamais pode ser respondida simplesmente pela experiência. Qualquer acontecimento referido como milagre é, em última análise, algo que se apresenta aos nossos sentidos, que é visto, ouvido, tocado, cheirado ou degustado. Nossos sentidos, porém, não são infalíveis. Se algo extraordinário parece ter acontecido, podemos dizer que fomos vítimas de uma ilusão. Se nossa filosofia de vida exclui o sobrenatural, sempre afirmaremos isso. O que aprendemos pela experiência depende do tipo de filosofia que adotamos em nossa experiência. É inútil, portanto, apelar para a experiência antes de estabelecer, da melhor maneira possível, nossa posição filosófica.

Se o milagroso não pode ser provado ou refutado pela experiência imediata, menos ainda o será pela História. Muitos acreditam ser possível saber se um milagre de fato ocorreu no passado investigando as evidências "de acordo com as regras comuns da pesquisa histórica". Essas regras, todavia, não poderão ser aplicadas até que determinemos se é possível acontecer milagres e, em caso afirmativo, quão prováveis eles são. Pois, se forem impossíveis, não há evidência histórica capaz de nos convencer. Se forem possíveis, mas extremamente improváveis, somente uma evidência matematicamente comprovada nos convencerá. E, como a História jamais apresenta esse grau de evidência para acontecimento algum, ela nunca poderá nos convencer de que um milagre de fato ocorreu. Se, no entanto, não for intrinsecamente improvável a ocorrência de milagres, então a evidência existente bastará para nos convencer de uma quantidade razoável de milagres. Desse modo, o resultado da pesquisa histórica depende do ponto de vista filosófico que adotamos, antes mesmo de analisar as evidências. A questão filosófica precisa, portanto, ser considerada em primeiro lugar.

Eis um exemplo do que acontece quando negligenciamos a tarefa filosófica preliminar e nos precipitamos rumo à histórica. Em um conhecido comentário bíblico, encontramos uma discussão referente à data em que o Quarto Evangelho foi escrito. O autor afirma que o livro deve ter sido escrito depois da morte de Pedro porque, no Quarto Evangelho, Cristo prevê a execução do apóstolo. Segundo o pensamento do autor, "um livro não pode ser escrito *antes* dos acontecimentos aos quais faz referência". É evidente que não pode, a menos que predições verdadeiras ocorram de fato. Se ocorrem, esse argumento em defesa de uma determinada data é derrubado. O autor não discute, em momento algum, a possibilidade de haver predições verdadeiras. Ele parte (talvez inconscientemente) do pressuposto de que não há. Pode ser que esteja certo, mas se estiver, esse princípio não foi descoberto por meio da pesquisa histórica. O autor, em seu trabalho, expressa, digamos, sua descrença em predições. A não ser que tenha feito isso, ele não poderia ter chegado a tal conclusão sobre a data do Quarto Evangelho. O trabalho dele, portanto, é absolutamente inútil para alguém que deseje saber *se* predições ocorrem ou não. O autor só conseguiu realizar sua tarefa depois de ter respondido negativamente a essa questão, sem revelar as razões que o levaram a isso.

O propósito deste livro é servir de introdução à pesquisa histórica. Não sou historiador especializado nem vou examinar as evidências históricas dos milagres cristãos. Minha intenção é levar meus leitores a fazer isso. É inútil investigar os textos sem ter alguma idéia da possibilidade ou probabilidade de ocorrer um evento milagroso. Os que partem do pressuposto de que milagres simplesmente não acontecem perderão seu tempo investigando os textos. Sabemos de antemão a que resultados chegarão, pois já negaram tal possibilidade no início.

Capítulo dois

O naturalismo e o sobrenaturalismo

> — Meu Deus! — exclamou a Sra. Snip. — Existe um lugar onde as pessoas se arriscam a viver acima do solo?
> — Jamais ouvi falar de alguém que morasse *abaixo* do solo, antes de chegar à Terra dos Gigantes — respondeu Tim.
> — Chegar à Terra dos Gigantes! — exclamou a Sra. Snip — Por que todo lugar não é a Terra dos Gigantes?
>
> Roland Quizz, *Giant-Land*

Escolhi a palavra *Milagre*[1] para indicar a intervenção de um poder sobrenatural na Natureza.[2] A não ser que exista

[1]Com o intuito de manter o estilo e a perspectiva do autor, foram preservados nesta obra os usos de letras maiúsculas e minúsculas, notadamente nas referências a Deus e a nomes comuns quando personificados ou individualizados [N. do E.].

[2]Essa não é a definição que muitos teólogos dariam. Adotei-a não porque a considere superior à deles, mas precisamente porque, sendo simples e "popular", facilita a discussão de questões que "o leitor comum" provavelmente tem em mente quando depara com um livro sobre Milagres [N. do A.].

algo além da Natureza que possamos chamar sobrenatural, não pode haver milagres. Alguns acreditam que não existe nada além da Natureza. Chamo essas pessoas *Naturalistas*. Outros julgam que além da Natureza existe algo mais. Denomino-os *Sobrenaturalistas*. Nossa primeira pergunta, portanto, é: quem está certo, os Naturalistas ou os Sobrenaturalistas? Estamos diante de nossa primeira dificuldade.

Antes de os Naturalistas e Sobrenaturalistas começarem a discutir suas diferenças de opinião, certamente é preciso que tenham uma definição comum de Natural e Sobrenatural. Infelizmente, é quase impossível obter tal definição. Pelo simples fato de o Naturalista pensar que não existe nada além da Natureza, a palavra *Natureza* representa para ele simplesmente "tudo", "o espetáculo completo" ou "o que quer que exista". Se é isso que entendemos por Natureza, então, de fato, nada mais existe. O debate real entre o Naturalista e o Sobrenaturalista escapa-nos. Alguns filósofos definem Natureza como "o que percebemos por meio dos cinco sentidos". Essa definição, todavia, também é insuficiente, porque não percebemos nem mesmo nossas emoções desse modo, e ainda assim elas são consideradas ocorrências "naturais". A fim de evitar esse impasse e descobrir em que o Naturalista e o Sobrenaturalista de fato divergem, devemos abordar nosso problema de modo mais indireto.

Comecemos considerando as seguintes frases: 1) Os dentes dele são naturais ou postiços; 2) O cão em seu estado natural é cheio de pulgas; 3) Gosto de me afastar de terras cultivadas e estradas pavimentadas para ficar a sós com a Natureza; 4) Aja com naturalidade. Por que você é tão afetado?; 5) Pode ter sido errado beijá-la, mas foi muito natural.

Pode-se perceber facilmente um aspecto de significado comum a todas essas frases. Os dentes naturais são aqueles que crescem na boca: não precisamos projetá-los, fabricá-los ou implantá-los. O cão estará em estado natural se não lhe derem um banho com água e sabão para evitar as pulgas. O ambiente no qual a Natureza tem supremacia é aquele em que o solo, o clima e a vegetação produzem resultados independentemente da ajuda ou do impedimento do homem. O comportamento natural das pessoas seria aquele que elas demonstrariam se não se esforçassem para modificá-lo. O beijo natural é aquele dado sem se levar em conta qualquer tipo de consideração moral ou prudência. Em todos os exemplos, Natureza significa aquilo que acontece "por si próprio" ou "por iniciativa própria": aquilo pelo que não precisamos trabalhar; aquilo que obteremos se não fizermos algo para o evitar. A palavra grega para Natureza (*Physis*) está relacionada com o verbo grego "crescer". *Natura*, em latim, relaciona-se com o verbo "nascer". Natural é aquilo que brota, surge, aparece ou permanece *por iniciativa própria*, algo que é dado, que já existe, espontâneo, involuntário, não solicitado.

O Naturalista acredita que o Fato definitivo, aquilo de que você não pode ir além, é um vasto processo no espaço e no tempo que se desenrola *por conta própria*. Dentro de todo esse sistema, cada acontecimento específico (como o ato de sentar e ler este livro) ocorre porque houve outro acontecimento; no final das contas, porque o Acontecimento Completo está ocorrendo. Cada elemento em particular (como esta página, por exemplo) é aquilo que é porque outras coisas são o que são — conseqüentemente, porque o sistema inteiro é o que é. Todos os fatos e acontecimentos estão interligados de tal forma que não podem exercer a mínima independência em relação ao "espetáculo completo". Nenhum deles existe "por si mesmo" ou permanece "por iniciativa própria", exceto no sentido de apresentar, em determinado tempo e espaço, "vida em si mesmo" ou "comportamento por conta própria", os quais pertencem à "Natureza" (o grande acontecimento completo e interligado) como um todo. Por isso, nenhum Naturalista radical acredita em livre-arbítrio. Porque o livre-arbítrio significaria que os seres humanos têm poder para agir independentemente, para realizar algo além ou diferente daquilo que compõe a seqüência total dos acontecimentos. O que o Naturalista nega é exatamente esse tipo de poder independente, o poder de dar origem aos acontecimentos. A espontaneidade, a originalidade e a ação "por iniciativa própria" são privilégios reservados ao "espetáculo completo", que ele denomina *Natureza*.

O Sobrenaturalista concorda com o Naturalista em que deve haver algo que exista por si só, algum Fato primordial cuja tentativa de explicar a existência fosse absurda, uma vez que esse Fato em si seria a base ou ponto de partida de todas as explicações. No entanto, ele não identifica esse Fato com o "espetáculo completo". Para o Sobrenaturalista, as coisas pertencem a duas categorias. Na primeira, encontramos as coisas ou (mais provavelmente) Uma Coisa que é fundamental e original, que existe por si mesma. Na segunda, encontramos coisas que são meramente conseqüências dessa Uma Coisa. Essa Coisa fundamental é a razão da existência de todas as demais. Ela existe por iniciativa própria; a existência das outras depende dela. Essas deixarão de existir se em algum momento a Coisa fundamental deixar de mantê-las; serão alteradas se ela as alterar.

Podemos explicar a diferença entre os dois pontos de vista dizendo que o Naturalismo descreve a realidade como democrática, enquanto o Sobrenaturalismo a descreve como monárquica. O Naturalista acredita que o privilégio de "ser por iniciativa própria" reside na quantidade total de coisas, assim como a democracia fundamenta sua condição de soberana na grande maioria das pessoas. O Sobrenaturalista crê que esse privilégio pertence a algumas coisas ou (mais provavelmente) a Uma Coisa, e não a outras, da mesma forma que na monarquia legítima o soberano é o rei, e não o povo. De modo semelhante, na democracia todos os cidadãos são iguais. Para o Naturalista, portanto, uma coisa ou acontecimento é tão bom quanto outro, se todos são igualmente dependentes do sistema global de coisas. De fato, cada um deles é apenas o modo com que o caráter do sistema global se manifesta num ponto em particular do tempo e do espaço. Já o Sobrenaturalista acredita que a coisa original ou auto-existente se encontra em um nível diferente e mais importante que todas as demais.

Nesse ponto, pode surgir a suspeita de que o Sobrenaturalismo emergiu primeiramente da interpretação do Universo estruturada nas sociedades monárquicas. Entretanto aí, certamente, pela mesma razão pode-se suspeitar de que o Naturalismo, por sua vez, tenha surgido pela interpretação do Universo estruturada nas democracias modernas. As duas suspeitas, portanto, anulam uma a outra e não nos ajudam a decidir qual teoria tem mais probabilidade de ser verdadeira.

Elas, de fato, lembram-nos de que o Sobrenaturalismo é a filosofia característica de uma era monárquica e que o Naturalismo corresponde a uma era democrática. Assim, o primeiro, ainda que falso, teria sido aceito por uma grande massa de irracionais quatrocentos anos atrás, e o segundo, ainda que não seja verdadeiro, será aceito por uma grande massa de irracionais na atualidade.

Todos devem ter percebido que o Ser Auto-Existente — ou a pequena classe de seres auto-existentes — em que o Sobrenaturalista acredita é o que chamamos Deus ou deuses. Proponho-me considerar, no restante deste livro, apenas aquela forma de Sobrenaturalismo que acredita em um só Deus, em parte porque é provável que o politeísmo não seja um assunto interessante para a maioria de meus leitores, mas também porque os que acreditavam em muitos deuses raramente os consideravam auto-existentes ou criadores do Universo. Os deuses da Grécia não eram sobrenaturais, no sentido estrito que atribuo à palavra. Eram fruto do sistema global de coisas e faziam parte dele, o que introduz uma distinção importante.

A diferença entre Naturalismo e Sobrenaturalismo não é exatamente a mesma entre crer ou não em um Deus. O Naturalismo, sem deixar de ser o que é, poderia admitir um determinado tipo de Deus. O grande evento interligado chamado Natureza poderia ser capaz de produzir, em determinado estágio, uma grande consciência cósmica, um "Deus" interno, originado de todo o processo, assim como a mente humana surge (segundo os Naturalistas) do organismo humano. O Naturalista não faria objeção a esse tipo de Deus pela seguinte razão: um Deus assim não ficaria fora da Natureza nem do sistema global — não existiria "por iniciativa própria". Ainda seria "o espetáculo completo" que era o Fato primordial, e um Deus assim seria simplesmente uma das coisas (mesmo que fosse a mais interessante) contidas nesse Fato primordial. O que o Naturalismo não pode aceitar é a idéia de um Deus que se coloque fora da Natureza e que a tenha criado.

Chegamos ao ponto de estabelecer a diferença entre o Naturalista e o Sobrenaturalista, a despeito de eles atribuírem um sentido diferente à palavra Natureza. O Naturalista acredita que um grande processo de "formação" existe "por conta própria" no espaço e no tempo e que não existe nada além disso. O que chamamos coisas e acontecimentos específicos são apenas partes nas quais analisamos o grande processo ou as formas assumidas por esse processo em determinados momentos e locais no espaço. A essa realidade única e total ele chama Natureza. O Sobrenaturalista acredita que uma Coisa existe por conta própria e produziu a estrutura do espaço, do tempo e da progressão de acontecimentos sistematicamente interligados que os preenche. Ele chama Natureza a essa estrutura e esse preenchimento. Ela pode ou não ser a única realidade que a Coisa Inicial produziu. É possível que haja outros sistemas além daquele a que chamamos Natureza.

Nesse sentido, pode haver várias "Naturezas". Esse conceito deve ser claramente diferenciado do que é comumente denominado "pluralidade de mundos", por exemplo, diferentes sistemas solares ou galáxias, "ilhas de universos" que existem em partes amplamente separadas de um único espaço-tempo. O espaço e o tempo, embora remotos, fariam parte da mesma Natureza que o nosso Sol: tanto o nosso quanto o deles estariam interligados por se relacionarem um com o outro, sendo essas relações espaciais, temporais e causais. Apenas esse entrelaçamento recíproco no interior de um sistema faz dele o que denominamos Natureza. As outras Naturezas poderiam não ser espaço-temporais. Caso alguma delas fosse, o tempo e o espaço dela não teriam nenhuma relação espacial ou temporal com o nosso sistema. É exatamente essa descontinuidade, essa falta de conexão que justificaria definirmos duas Naturezas distintas. Isso não significa que não haveria nenhuma relação entre elas, pois o fato de procederem de uma única fonte sobrenatural as torna associadas. Nesse aspecto, seriam como romances diferentes escritos pelo mesmo autor. Os acontecimentos em uma história não têm relação com os da outra, *exceto* por terem sido inventados pelo mesmo autor. Para descobrir a relação entre eles devemos voltar à mente do autor: nada do que o Sr. Pickwick diz em *As aventuras do Sr. Pickwick*[3] irá interferir no que a Sra. Gamp ouve em *Martin Chuzzlewit*.[4] Da mesma forma, não haveria uma ligação normal entre os eventos que ocorressem em uma ou em outra Natureza. Entenda-se por "normal" a relação que acontece em virtude da característica dos dois sistemas. Precisamos incluir a qualificação "normal" porque não sabemos de antemão se Deus colocará ou não duas Naturezas em contato parcial num dado ponto, ou seja, Ele pode permitir que eventos *selecionados* em uma Natureza produzam resultados em outra. Haveria então, em determinados

[3]Romance escrito por Charles Dickens em 1836-7 [N. do E.].
[4]Romance do mesmo autor, publicado em série entre 1843 e 1844 [N. do E.].

pontos, uma interligação parcial, mas isso não transformaria as duas Naturezas em uma única, pois a reciprocidade total que constitui uma Natureza continuaria ausente, e as interligações incomuns surgiriam não daquilo que cada sistema foi em si mesmo, mas do ato Divino que os uniu. Se tal coisa ocorresse, cada Natureza seria "sobrenatural" em relação à outra. Entretanto, o contato seria sobrenatural no sentido mais absoluto, não por estar além desta ou daquela Natureza, mas por estar além de qualquer Natureza. Seria uma espécie de Milagre. O outro tipo seria a "interferência" Divina, não pela junção de duas Naturezas, mas simplesmente pela interferência.

Até agora, tudo isso é puramente especulativo. Não há como concluir, com base no Sobrenaturalismo, que Milagres de qualquer tipo realmente ocorram. Pode ser que Deus (a coisa inicial) jamais interfira de fato no sistema natural que Ele criou. Se Deus criou mais de um sistema natural, é provável que nunca provoque uma colisão entre eles.

Essa questão, porém, merece uma consideração mais extensa. Se aceitarmos que a Natureza não é a única coisa que existe, então não poderemos dizer antecipadamente se ela está ou não sujeita a ocorrências de milagres. Existem coisas fora dela, e ainda não sabemos se essas coisas podem entrar. Talvez os portões estejam fechados, talvez não. No entanto, se o Naturalismo for verdadeiro, saberemos de antemão ser impossível que milagres aconteçam. Nada que venha de fora poderia adentrar a Natureza porque não há nada fora dela — a Natureza é tudo. Sem dúvida, talvez ocorram eventos que nós, por causa de nossa ignorância, poderíamos encarar erroneamente como milagres, mas que na realidade seriam (exatamente como os eventos mais comuns) apenas uma conseqüência inevitável, característica do sistema completo.

Nossa primeira escolha, portanto, deve ser entre o Naturalismo e o Sobrenaturalismo.

Capítulo três
A principal dificuldade do Naturalismo

> Não podemos ter ambas as coisas, e o desprezo em relação às limitações da lógica [...] não é capaz de solucionar o dilema.
>
> I. A. Richards, *Principles of Literary Criticism*

Se partirmos do pressuposto de que o Naturalismo está certo, todo evento ou coisa que seja finita deve ser (em princípio) explicável em termos do Sistema Global. Digo "explicável *em princípio*" porque, certamente, não podemos exigir que os Naturalistas encontrem, a qualquer momento, explicações detalhadas para cada fenômeno. Obviamente, muitas coisas só serão explicadas quando a ciência atingir um nível de progresso mais avançado, mas se aceitarmos o Naturalismo temos o direito de exigir que cada mínima coisa seja tal como a vemos — em geral, tal como pode ser explicada em termos do Sistema Global. Se existir uma única coisa à qual percebamos de antemão não ser possível aplicar *esse tipo* de explicação, então o Naturalismo desmorona. Se as exigências intelectuais nos forçarem a conceder a qualquer coisa algum grau de independência em relação ao Sistema Global — se ela demonstrar que existe por conta própria e que é mais que uma expressão do caráter da Natureza como um todo —, então teremos negado o Naturalismo. Uma vez que entendemos por Naturalismo a doutrina segundo a qual existe somente a Natureza — o sistema todo interligado. E se isso fosse verdade, cada coisa e evento seriam explicáveis como um produto necessário do sistema, sem sobras (*sem restar nada*). Sendo todo o sistema aquilo que é, soaria alguma contradição se você não estivesse lendo este livro neste exato momento. Em contrapartida, o único motivo pelo qual você o está lendo deveria ser que todo sistema, em tal lugar e hora, estava determinado a tomar esse rumo.

Em tempos recentes, surgiu uma ameaça contra o Naturalismo estrito, na qual não vou basear nenhum argumento, mas penso que vale a pena examiná-la. Os cientistas do passado acreditavam que as menores partículas de matéria se moviam segundo leis rígidas, ou seja, os movimentos de cada partícula estavam "interligados" com o sistema global da Natureza. Alguns cientistas modernos, contudo, parecem pensar — se é que os compreendo — que não é bem assim: que a unidade individual da matéria (seria ousado continuar a chamá-la "partícula") se move de modo indeterminado ou aleatório, que se movimenta, de fato, "por si mesma" ou "por conta própria". A regularidade que observamos no movimento dos menores corpos visíveis explica-se pelo fato de cada um deles conter milhões de unidades, sendo que a lei das probabilidades nivela, portanto, as idiossincrasias do comportamento da unidade individual. O movimento de uma unidade é incalculável, assim como não se pode prever o que acontecerá se lançarmos uma moeda para o alto apenas uma vez. A maioria dos movimentos de um bilhão de unidades pode, entretanto, ser prevista, da mesma forma que, se jogássemos uma moeda para o alto um bilhão de vezes, seria possível prever um número praticamente igual de caras e coroas. Ora, deve-se observar que, se essa teoria for verdadeira, na realidade já admitimos algo além da Natureza. Se o movimento das unidades individuais são eventos "independentes", que não se interligam com os demais, então esses movimentos não fazem parte da Natureza. Seria, de fato, um grande impacto aos nossos costumes descrevê-los como *sobre*-naturais. Penso que deveríamos chamá-los *sub*-naturais, mas toda a nossa certeza de que a Natureza não tem portas — nem realidade externa alguma para a qual uma porta pudesse se abrir — teria desaparecido. Existe aparentemente *algo* fora dela: o Subnatural. Na verdade, é desse Subnatural que todos os eventos e "corpos" são, por assim dizer, inseridos nela. É óbvio, portanto, que, se ela possui uma porta dos fundos aberta para o Subnatural, é praticamente certo que tenha também uma porta da frente que se abre para o Sobrenatural, e os eventos poderiam também ser inseridos nela através dessa outra porta.

Mencionei essa teoria porque ela elucida determinados conceitos que discutiremos mais adiante. Pessoalmente, no entanto, não estou supondo que seja verdadeira. Aqueles que, como eu, tiveram uma educação filosófica, e não científica, acham quase impossível acreditar que os cientistas, de fato, querem dizer o que parecem dizer. Não ajudaria se eu pensasse que eles não pretendem dizer nada além de "os movimentos das unidades individuais são permanentemente imprevisíveis *para nós*", não que eles sejam em si mesmos aleatórios e irregulares. E, mesmo que os cientistas tenham a intenção de afirmar essa última hipótese, o leigo praticamente não terá certeza alguma de que um novo avanço científico não venha amanhã abolir toda essa teoria de uma Subnatureza desregrada — pois a glória da ciência é o progresso. Eu, portanto, deliberadamente passo a outro assunto.

É certo que tudo que sabemos, além de nossas sensações imediatas, é proveniente dessas sensações. Não estou dizendo que, em criança, tenhamos tomado nossas sensações como "evidência" e, em decorrência disso, inferido conscientemente a existência do espaço, da matéria e de outras pessoas. Quero dizer que, se depois de termos idade suficiente para entender a questão, nossa confiança na existência de qualquer outra coisa (por exemplo, o Sistema Solar ou a Armada espanhola) tornar-se objeto de dúvida, nosso argumento na defesa da existência dessa coisa terá de assumir a forma de inferências baseadas em nossas sensações imediatas. Em sua forma mais genérica, a inferência seria mais ou menos assim: "Uma vez que me são apresentados sons, cores, formas, prazeres e dores, os quais não consigo prever nem controlar perfeitamente, e quanto mais investigo esses elementos, mais regular seu comportamento parece, então deve existir algo diferente de mim mesmo e que deve ser sistemático". Dentro dessa inferência generalizada, qualquer linha especial de raciocínio leva-nos a conclusões mais detalhadas. Inferimos a evolução a começar dos fósseis, a existência de nosso cérebro com base no que encontramos no crânio de outras criaturas semelhantes a nós na sala de anatomia.

Todo conhecimento possível depende então da validade do raciocínio. Se o sentimento de certeza denotado em expressões como *deve ser*, *portanto* e *desde que* representa uma percepção real de como as coisas fora de nossa mente, de fato, "devem" ser, então tudo bem. Se essa certeza, porém, se configura meramente um sentimento *em* nossa mente, e não uma percepção genuína das realidades além delas — se é uma simples representação da maneira pela qual nossa mente trabalha —, então não podemos obter conhecimento. A menos que o raciocínio humano seja válido, nenhuma ciência pode ser verdadeira.

Conseqüentemente, nenhuma consideração do Universo pode ser verídica, a menos que leve em conta a possibilidade de o nosso pensamento ser uma percepção real. Uma teoria que explicasse tudo sobre o Universo, mas impossibilitasse a crença na validade de nosso pensamento, estaria fora de questão, pois teria sido construída por meio do pensamento e do raciocínio — e se o pensamento não fosse válido, com certeza cairia por terra. Destruiria as próprias credenciais. Seria um argumento provando que nenhum argumento é sólido, uma prova de que não existem provas — o que não faz sentido.

Dessa forma, o materialismo estrito contradiz a si mesmo, pela razão apresentada há muito tempo pelo professor doutor Haldane: "Se meus processos mentais forem inteiramente determinados pelo movimento dos átomos em meu cérebro, não há razão para supor que minhas crenças sejam verdadeiras [...] e, portanto, não tenho razão para supor que meu cérebro seja composto de átomos" [*Possible Worlds* (Mundos possíveis), p. 209].

O Naturalismo, entretanto, mesmo não sendo estritamente materialista, parece envolver a mesma dificuldade, embora de maneira relativamente menos óbvia. Ele menospreza nossos processos de raciocínio ou pelo menos reduz a credibilidade deles a um nível tão modesto que já não pode mais suportar o próprio Naturalismo.

A forma mais fácil de demonstrar isso é observar os dois sentidos da palavra *porque*. Podemos dizer: "O vovô está doente hoje *porque* comeu lagosta ontem". No entanto, podemos dizer também: "O vovô deve estar doente hoje *porque* não se levantou ainda" (sabemos que ele sempre se levanta cedo quando está bem). No primeiro enunciado, *porque* indica a relação entre Causa e Efeito: a comida fez com que ele adoecesse. No segundo, indica uma relação que os especialistas em lógica chamam Antecedente e Conseqüente. O fato de o homem levantar-se tarde não é a causa da doença, mas a razão que nos leva a crer que esteja doente. Há uma diferença semelhante entre "Ele gritou porque se feriu" (Causa e Efeito) e "Deve ter-se ferido porque gritou" (Antecedente e Conseqüente). Estamos bem familiarizados com a relação Antecedente e Conseqüente porque no raciocínio matemático: "A = C *porque*, como já provamos, ambos são iguais a B".

A primeira relação indica uma associação dinâmica entre acontecimentos ou "estados de coisas". A segunda, uma relação lógica entre crenças ou asserções.

Ora, uma linha de raciocínio não tem nenhum valor como meio de se chegar à verdade, a menos que cada uma de suas etapas esteja ligada com o que veio antes na relação antecedente-conseqüente. Se nosso B não suceder logicamente ao nosso A, pensamos em vão. Se o que pensamos no final de nosso raciocínio deve ser verdade, então a resposta correta à pergunta: "Por que você pensa isso?" deve começar com o *porquê* da relação antecedente-conseqüente.

No entanto, tudo que ocorre na Natureza deve estar ligado a fatos anteriores em uma relação de Causa e Efeito. Nossos atos mentais, porém, são acontecimentos. Portanto, a verdadeira resposta à pergunta: "Por que você pensa isso?" deve começar com o *porquê* da relação Causa e Efeito.

A não ser que seja o conseqüente lógico de um antecedente, nossa conclusão não terá valor algum, podendo ser verdadeira apenas acidentalmente. A não ser que seja o efeito de uma causa, não poderá de forma alguma ocorrer. Parece, portanto, que para uma linha de pensamento alcançar algum valor esses dois sistemas de interligação devem aplicar-se simultaneamente à mesma série de atos mentais.

Lamentavelmente, os dois sistemas são totalmente distintos. Ser causado não significa ser provado. Por exemplo, devaneios, preconceitos e os delírios de loucuras são causados, mas infundados. Na verdade, ser causado é tão diferente de ser provado que nos posicionamos nas discussões como se causa e prova se excluíssem mutuamente. A simples existência de causas para uma crença é popularmente tratada como se houvesse a suposição de que ela fosse infundada, e o modo mais comum de pôr em dúvida as opiniões de alguém é explicá-las de modo causal: "Você diz isso porque (Causa e Efeito) é um capitalista ou um hipocondríaco ou um homem comum ou só uma mulher". A implicação é que, se as causas explicam plenamente uma crença, então, uma vez que as causas operam inevitavelmente, a crença teria de manifestar-se, quer tivesse fundamentos, quer não. Logo, ao que parece, não é necessário considerar os antecedentes de algo que pode ser perfeitamente explicado sem eles.

Contudo, mesmo que esses antecedentes existam, que relação têm de fato com a ocorrência real da crença como acontecimento psicológico? Se for um acontecimento, então deve ter sido causado. Deve, na verdade, ser apenas um elo na corrente causal que se estende do início ao fim. Como poderia algo tão insignificante, como a ausência de bases lógicas, impedir uma crença de se manifestar? Ou de que maneira a existência de antecedentes poderia promovê-la?

Parece haver uma única resposta. Devemos dizer que, assim como uma das maneiras de um fato mental causar outro subseqüente é por Associação (quando penso em cenoura, sempre lembro de minha primeira escola), outro modo de um acontecimento mental causar outro é simplesmente servindo de antecedente para ele. Nesse caso, então, ser uma causa e ser uma prova coincidirão.

Essa lei, porém, como se apresenta, é claramente falsa. Sabemos por experiência que um pensamento não é necessariamente causador de todos os outros (ou mesmo de apenas um) que, em termos lógicos, estão para ele assim como o Conseqüente está para o Antecedente. Estaríamos em apuros se jamais pudéssemos pensar: "Isto é vidro", sem extrair todas as inferências possíveis. É impossível extraí-las todas, e geralmente não extraímos nada. Devemos, portanto, retificar a lei que sugerimos: um pensamento pode ser a causa de outro, não pelo fato de *ser*, mas por *ser visto como* um antecedente dele.

Se você suspeita da metáfora sensorial presente em *visto*, pode substituí-la por *apreendido*, *compreendido* ou simplesmente *conhecido*. Não fará muita diferença, porque todas essas palavras evocam o que realmente significa o ato de pensar. Sem dúvida, atos mentais são acontecimentos, embora sejam de um tipo muito especial. Dizem "respeito" a alguma coisa além de si mesmos e podem ser verdadeiros ou falsos. Os acontecimentos em geral não "dizem respeito" a nada e por isso não podem ser verdadeiros ou falsos. (Dizer que "esses acontecimentos ou fatos são falsos" significa naturalmente que o relato de alguém a respeito deles é falso.) Por essa razão, os atos de inferências podem e devem ser considerados de dois aspectos diferentes. Por um lado, são fatos subjetivos, componentes que pertencem à história psicológica de alguém. Por outro lado, são percepções ou conhecimentos de algo além de si mesmos. Aquilo que, segundo o primeiro aspecto, é a transição psicológica do pensamento A para o B, em um dado momento em uma determinada mente, do ponto de vista de quem pensa é a percepção de uma implicação (se A, então B). Quando adotamos o ponto de vista psicológico, podemos usar o verbo no passado: "B *seguiu* A em meus pensamentos". Mas quando afirmamos sempre usamos o presente: "B *resulta de* A". Se, em algum caso, B *resulta de* A no sentido lógico, então sempre acontecerá dessa forma. E não podemos simplesmente rejeitar o segundo ponto de vista como ilusão subjetiva sem duvidar de todo o conhecimento humano. Pois nada podemos saber além das próprias sensações do momento, a menos que o ato de inferência seja, de fato, o *insight* que alega ser.

No entanto, ele só pode sê-lo em termos. Um ato de conhecimento deve ser determinado, em certo sentido, unicamente com base no que é conhecido. Desse modo, devemos saber que determinada coisa é assim unicamente porque ela *é* assim. É isso que significa saber. Você pode chamá-lo de o *porquê* da Causa e Efeito e classificar o "ser conhecido" como um modo do princípio da causalidade, se quiser. Trata-se, porém, de um modo singular. O ato de saber tem, sem dúvida, várias condições sem as quais não ocorreria, como a atenção e os estados de vontade e de ânimo que ele pressupõe. No entanto sua característica positiva deve ser determinada pela verdade que ele conhece. Se fosse totalmente explicável de outras fontes, deixaria de ser conhecimento, da mesma forma (para usar o paralelo sensorial) que o som em meus ouvidos deixaria de ser o que conhecemos por "ouvir" se pudesse ser totalmente explicado por outras causas que não um som no mundo externo como, por exemplo, o *zumbido* produzido por um forte resfriado. Se o que parece ser um ato de conhecimento for parcialmente explicável por meio de outras fontes, então o conhecimento (no sentido exato da palavra) nele contido será apenas o que resta, justamente aquilo que exige, para sua explicação, a coisa conhecida, assim como o que foi realmente ouvido é o que resta depois de termos descartado o *zumbido*. Qualquer teoria que alegue explicar nosso raciocínio plenamente sem inserir um ato de conhecimento determinado, dessa forma, unicamente pelo que é conhecido, é na verdade uma teoria segundo a qual não existe raciocínio.

Entretanto, segundo me parece, é justamente a isso que o Naturalismo nos leva. Ele apresenta o que professa ser uma descrição completa de nosso comportamento mental, mas, ao ser examinada, essa descrição não deixa lugar para os atos de conhecimento ou de reflexão dos quais depende o valor de nosso pensamento como meio de chegar à verdade.

Todos concordam em que a razão, até mesmo a sensibilidade, e a própria vida chegaram posteriormente à Natureza. Se não existe nada além da Natureza, então a razão deve ter vindo à existência por um processo histórico, e para o Naturalista esse processo com certeza não se destinava a produzir um comportamento mental que levasse à descoberta da verdade. Não houve um Planejador, e, de fato, até que surgissem os pensadores, não havia verdade nem falsidade. O tipo de comportamento mental que hoje denominamos *pensamento racional* ou *inferência* deve ter sido, portanto, "deduzido" por seleção natural, pela eliminação gradual dos tipos menos aptos a sobreviver.

Houve uma época, então, em que nossos pensamentos não eram racionais. Isto é, todos os nossos pensamentos eram — como muitos ainda são — meramente acontecimentos subjetivos, e não apreensões da verdade objetiva. Aqueles que de algum modo tinham uma causa externa (como nossas dores) não passavam de reação aos estímulos. Ora, a seleção natural poderia operar somente eliminando as reações biologicamente prejudiciais e multiplicando as que levavam à sobrevivência. É inconcebível, todavia, que qualquer aperfeiçoamento nas reações pudesse transformá-las em atos de reflexão e conhecimento ou, mesmo que remotamente, tender a fazê-lo. A relação entre resposta e estímulo difere em grande escala daquela existente entre conhecimento e verdade conhecida. Nossa visão física é uma resposta muito mais proveitosa à luz que a dos organismos mais simples, que possuem apenas um ponto fotossensível. Entretanto, nem esse aperfeiçoamento nem quaisquer outros que possamos imaginar poderiam aproximar-se um centímetro sequer de ser um conhecimento da luz. Admite-se que esse aperfeiçoamento é algo sem o qual não poderíamos ter tido esse conhecimento, mas o conhecimento é alcançado por meio de experiências e inferências, e não pelo refinamento da resposta. O conhecimento da luz não pertence aos que enxergam bem, mas aos que estudaram as ciências correspondentes. Da mesma forma, nossas reações psicológicas ao ambiente em que vivemos, nossas curiosidades, aversões, nossos prazeres e expectativas poderiam ser aperfeiçoados indefinidamente (do ponto de vista biológico) sem se tornar em nada além de reações. Tal aperfeiçoamento de reações não racionais, longe de converter-se em inferências válidas, deve ser concebido como um método diferente de garantir a sobrevivência, uma alternativa à razão. Um condicionamento que nos garantisse jamais sentir prazer, exceto por aquilo que é proveitoso, ou aversão, a não ser pelo perigo, e cuja intensidade dessas sensações fosse exatamente proporcional ao grau de real utilidade ou perigo do objeto deveria nos servir tão bem quanto o raciocínio ou, em determinadas circunstâncias, até melhor.

Contudo, além da seleção natural existe a experiência, que era originalmente individual, mas foi transmitida pela tradição e pela instrução. Pode-se supor que essa experiência, ao longo dos milênios, seria capaz de gerar o comportamento mental a que chamamos raciocínio, ou seja, a prática da inferência, a começar de um comportamento mental que originariamente não era racional. As repetidas experiências para encontrar fogo (ou vestígios dele) onde havia fumaça condicionariam o homem a esperar encontrar fogo sempre que visse fumaça. Essa expectativa, expressa na fórmula "onde há fumaça há fogo", transforma-se naquilo que chamamos inferência. Será que todas as nossas inferências se originam dessa forma?

Contudo se for assim, todas são inferências inválidas. Tal processo, sem dúvida, produzirá expectativa. Treinará os indivíduos a esperar fogo sempre que virem fumaça, do mesmo modo que os treinou a esperar que todos os cisnes sejam brancos (até virem um preto) ou que a água sempre ferva a 100°C (até que alguém resolva fazer um piquenique na montanha). Tais expectativas não são inferências nem necessariamente verdadeiras. A suposição de que coisas associadas no passado sempre estarão associadas no futuro é o princípio que orienta não o comportamento racional, mas o animal. O raciocínio manifesta-se exatamente quando se deduz: "Uma vez permanentemente associadas, portanto provavelmente interligadas" e prossegue na tentativa de descobrir a ligação. Quando você descobrir o que é a fumaça, aí será capaz de substituir a mera expectativa de fogo por uma inferência genuína. Até que isso aconteça, a razão reconhecerá a expectativa como mera expectativa. Quando isso não é necessário, ou seja, quando a inferência depende de um axioma, não apelamos de modo algum para a experiência passada. Minha crença em que coisas iguais a uma mesma coisa são iguais entre si não se baseia, absolutamente, no fato de que jamais as surpreendi se comportarem de outra maneira. Vejo que "deve" ser assim. O fato de algumas pessoas hoje chamarem axiomas de tautologias me parece irrelevante. É por intermédio dessas "tautologias" que avançamos do conhecimento menor para o maior. Chamá-las assim é outro modo de dizer que são completa e absolutamente conhecidas. Perceber plenamente que A implica B (uma vez que isso tenha sido percebido) envolve admitir que a asserção de A e a asserção de B encontram-se, na realidade, na mesma asserção. O grau em que qualquer proporção verdadeira é uma tautologia depende do grau de compreensão que temos dela. Por exemplo, 9 x 7 = 63 é uma tautologia para o perfeito aritmético, mas não para uma criança aprendendo a tabuada, nem para o calculista milenar que talvez tenha chegado a esse total somando sete conjuntos de nove unidades. Se a Natureza é um sistema totalmente interligado, então toda afirmação verdadeira sobre ela (por exemplo: "O verão de 1959 foi muito quente") seria uma tautologia para uma inteligência que pudesse apreender esse sistema em sua totalidade. "Deus é amor" pode ser uma tautologia para os serafins, mas não para os homens.

Alguém pode dizer: "Mas é incontestável que de fato cheguemos às verdades por meio de inferências!". Com certeza! Tanto o Naturalista quanto eu admitimos isso. Só podemos discutir algo se o admitirmos. A diferença que estou mostrando é que ele constrói, e eu não, uma história da evolução da razão incoerente com as alegações que ele e eu temos de fazer sobre a inferência à medida que efetivamente a exercitamos. Porque a história dele é — e pela natureza do caso só pode ser — um relato em termos de Causa e Efeito de como as pessoas chegaram a pensar da maneira pela qual o fazem. Isso sem dúvida deixa no ar a questão bastante diversa sobre como seria possível justificar que as pessoas pensassem assim. Isso impõe a ele a embaraçosa tarefa de tentar mostrar de que forma o produto evolutivo que descreveu poderia ser também um poder de "perceber" verdades.

Tal tentativa, porém, em si mesma é absurda. Isso pode ser mais bem compreendido se considerarmos a forma mais humilde e quase mais desesperadora que ela poderia tomar. Pode ser que o Naturalista dissesse: "Bem, talvez não possamos entender exatamente — não ainda — como a seleção natural transformaria o comportamento mental sub-racional em inferências que levam à verdade. Entretanto temos certeza de que isso, de fato, aconteceu. A seleção natural destina-se a preservar e aumentar o comportamento útil. Descobrimos também que nosso hábito de inferir é, na verdade, útil e, sendo assim, deve conduzir à verdade". Contudo perceba o que estamos fazendo. A própria inferência está em julgamento, isto é, o Naturalista deu uma explicação daquilo que julgávamos ser nossas inferências, o que sugere que elas não são de modo algum verdadeiros *insights*. Tanto nós quanto ele queremos ter certeza. E essa certeza restabelecida revela-se mais uma inferência ("se é útil, então é verdadeira"), como se esta não estivesse, uma vez que aceitemos sua hipótese evolucionária, sob a mesma suspeita que as demais deduções. Se o valor de nosso raciocínio está sendo posto em dúvida, não se pode estabelecê-lo por meio do raciocínio. Se, como já disse, uma prova de que não existem provas é absurda, então isso prova que existem provas. A razão é nosso ponto de partida. Não está em questão atacá-la ou defendê-la. Se, ao tratá-la como simples fenômeno você se põe fora dela, então não há nada a fazer, exceto dar a questão como resolvida e voltar-se para ela novamente.

Resta ainda uma posição, mais humilde. Você pode, se quiser, abrir mão de reivindicar a verdade, dizendo simplesmente: "Nossa maneira de pensar é útil...", sem acrescentar, nem mesmo baixinho, "... e portanto verdadeira". Ela nos capacita a calcificar um osso, construir uma ponte e fazer um foguete espacial. E isso basta. As antigas e elevadas ambições da razão devem ser deixadas de lado. Trata-se de um comportamento desenvolvido inteiramente como auxílio à prática. Esse é o motivo pelo qual, quando fazemos uso dele simplesmente na prática, nos damos perfeitamente bem, mas quando partimos para a especulação e tentamos obter uma visão geral da "realidade", acabamos por nos envolver em disputas infindáveis, inúteis e provavelmente apenas verbais de um pensador. Seremos mais humildes daqui por diante. Adeus a tudo isso. Nada mais de teologia, ontologia ou metafísica...

Então, da mesma forma, nada de Naturalismo! Porque o Naturalismo, com certeza, não passa de um dos principais espécimes dessa cadeia especulativa, descoberta decorrente da prática e muito além da experiência, que está sendo agora condenada. A Natureza não é um objeto que possa ser apresentado, seja aos sentidos, seja à imaginação. Ela só pode ser alcançada pelas inferências mais distantes. Não pode ser nem mesmo alcançada, apenas abordada. É a esperada e suposta unificação em um único sistema interligado composto de todas as inferências de nossos experimentos científicos. Mais que isso, o Naturalista, não satisfeito com tal afirmação, continua com a radical asserção negativa: "Não existe nada exceto isto" — com certeza, a declaração mais distante da prática, da experiência e de qualquer verificação concebível jamais feita desde que os homens começaram a usar a razão de forma especulativa. Ainda assim, no presente ponto de vista, o primeiro passo para tal uso foi um excesso, a perversão de uma faculdade simplesmente prática e a fonte de todas as quimeras.

Nesses termos, a posição do teísta deve ser uma quimera quase tão absurda quanto a do Naturalista — quase, mas não igual, pois o teísta se abstém da suprema audácia de uma negativa completa e não precisa aceitar esses termos, como de fato não aceita. Ele não está comprometido com a visão de que a razão é um desenvolvimento comparativamente recente, modelado por um processo de seleção que só pode escolher o que é biologicamente útil. Para ele, a razão — a razão de Deus — é mais antiga que a Natureza e dela deriva a ordem natural que, sozinha, nos capacita a conhecê-la. Para ele, no ato do conhecimento a mente humana é iluminada pela razão Divina. Ela é libertada, na medida necessária, do imenso vínculo da causalidade não racional; é livre da necessidade de determinar esse vínculo pela verdade conhecida. E os processos preliminares dentro da Natureza que conduzem a essa liberação, se é que existe algum, têm exatamente esse objetivo.

Denominar "sobrenatural" o ato do conhecimento — não o ato de lembrar que algo foi assim no passado, mas de "ver" que deve ser sempre assim, em qualquer mundo possível — é um tanto ofensivo ao nosso uso lingüístico comum. No entanto, é claro que não queremos dizer com isso que seja um ato fantasmagórico, sensacionalista ou mesmo (em qualquer sentido religioso) "espiritual". Queremos dizer apenas que ele "não se enquadra nisso", que tal ato, para ser o que alega ser — e se não for, todo o nosso pensamento perderá o crédito —, não pode consistir simplesmente numa exibição, num dado espaço-tempo desse sistema de eventos total, e em grande medida irracional, a que chamamos "Natureza". Ele precisa se libertar suficientemente dessa cadeia universal para ser definido por sua real essência.

Nesse ponto, é importante certificar-se de que, caso ocorram fantasias vagamente espaciais (e em muitas mentes elas certamente ocorrerão), não sejam classificadas erroneamente. É melhor não considerar nossos atos racionais algo "acima", "por trás" ou "além" da Natureza. Pelo contrário, eles se situam "deste lado da Natureza" — se precisar construir uma imagem espacial, faça com que os atos da razão fiquem entre nós e ela. É sempre por meio de inferências que construímos toda a nossa idéia de Natureza. A razão é dada antes, e dela depende nosso conceito de Natureza. Nossas inferências antecedem a concepção que temos da Natureza, quase da mesma forma que o telefone antecede a voz de um amigo que ouvimos através dele. E, quando tentamos enquadrar esses atos na representação da Natureza, falhamos. O elemento que introduzimos nessa representação e rotulamos de "Razão" acaba sempre sendo um pouco diferente da razão que estamos apreciando e exercitando enquanto o inserimos. A descrição que precisamos fazer do pensamento como fenômeno evolutivo sempre faz uma exceção tácita a favor do pensamento que pomos em ação naquele exato momento. Pois a primeira, como qualquer outro feito especial, pode apenas revelar em determinados momentos e determinadas consciências o funcionamento geral — e em sua maior parte não racional — de todo o sistema interligado. O segundo, nosso ato em si, afirma — e deve afirmar — ser um *insight*, um conhecimento suficientemente livre da causalidade não racional para ser determinado (positivamente) apenas pela verdade que conhece. O pensamento imaginário que representamos, porém, depende — porque toda a nossa idéia sobre a Natureza depende — dos pensamentos que na verdade estamos tendo, e não o contrário. Essa é a realidade primeira, sobre a qual repousa a atribuição de realidade para qualquer outra coisa. Se não se adequar à Natureza, nada podemos fazer. Com certeza, não iremos desistir dela por causa disso. Se o fizermos, estaremos desistindo também da Natureza.

Capítulo quatro
A natureza e a sobrenatureza

> Durante a longa tradição do pensamento europeu, diziam, não todas, mas a maioria das pessoas, ou pelo menos aquelas que provavam ter o direito de serem ouvidas, que a Natureza, embora realmente exista, não existe em si mesma ou por conta própria, mas depende de algo mais para existir.
>
> R. G. Collingwood, *O conceito de natureza*

Se nosso argumento tem alguma base, os atos de raciocínio não estão conectados à totalidade do sistema interligado da Natureza como os demais elementos que se acham conectados uns com os outros. Eles se associam a ela de um modo diferente, da mesma forma que a compreensão acerca de uma máquina certamente se acha ligada a ela, mas não da mesma maneira que suas peças se conectam umas com as outras. Conhecer uma coisa não é conhecer suas partes. Nesse sentido, algo além da Natureza opera sempre que raciocinamos. Não estou afirmando que a consciência como um todo deva ser necessariamente colocada na mesma posição.

Prazeres, dores, temores, esperanças, afetos e imagens mentais não precisam. Não seria absurdo algum considerá-los partes da Natureza. A distinção que precisamos fazer não é entre "mente" e "matéria", muito menos entre "alma" e "corpo" (todas palavras difíceis), mas entre Razão e Natureza: a fronteira que surge não onde o "mundo exterior" termina e começa o que eu deveria chamar simplesmente "eu mesmo", mas entre a razão e todo o acúmulo de eventos não-racionais, quer físicos, quer psicológicos.

Nessa fronteira, há muito tráfego, mas de mão única. Sabemos pela experiência do dia-a-dia que os pensamentos racionais nos induzem e nos capacitam a alterar o curso da Natureza — física, quando fazemos uso da matemática para construir pontes; psicológica, quando aplicamos argumentos para modificar as próprias emoções. Conseguimos modificar a Natureza física com mais freqüência que a psicológica, mas pelo menos exercemos um pouco de influência sobre ambas. No entanto, a Natureza é absolutamente incapaz de produzir um pensamento racional, não no sentido de jamais modificar nosso modo de pensar, mas pelo fato de que no momento em que o faz deixa (pelo mesmo motivo) de ser racional. Porque, como já vimos, uma linha de pensamento perde toda a sua racionalidade no momento em que se apresenta como resultado de causas não racionais. Quando a Natureza, por assim dizer, se aventura em coisas que dizem respeito a conceitos racionais, ela só consegue se destruí-los. Essa é a situação característica na fronteira. A Natureza só pode invadir a razão para matar, mas a razão pode penetrar o território da Natureza para fazer prisioneiros e mesmo colonizar. Cada objeto à sua frente neste momento — paredes, teto, móveis, este livro, suas mãos lavadas e unhas cortadas — dá testemunho da colonização da Natureza pela Razão, pois nenhuma dessas coisas estaria nessas condições se a Natureza tivesse seguido seu curso. E se você estiver acompanhando meus argumentos tão de perto quanto espero, sua atenção também resulta dos hábitos que a Razão impôs sobre as divagações naturais da consciência. Mas se uma dor de dentes ou a ansiedade estiver impedindo que você me acompanhe, então a Natureza estará realmente interferindo em sua consciência — todavia não para produzir novas formas de raciocínio, mas apenas (tanto quanto lhe cabe) para suspender por completo a Razão.

Desse modo, a relação entre Razão e Natureza é o que alguns chamam Relação Assimétrica. A ligação entre irmãos é uma relação simétrica, porque se A é irmão de B, então B é irmão de A. A relação entre pai e filho é assimétrica, porque se A é pai de B, B *não* é pai de A. A relação entre Razão e Natureza é dessa ordem, visto que a Razão não se relaciona com a Natureza da mesma forma que a Natureza se relaciona com a Razão.

Estou bem consciente de quão melindrados com a representação que começa a se delinear ficarão aqueles que cresceram na tradição do Naturalismo. Falando francamente, trata-se de um quadro no qual a Natureza (pelo menos na superfície de nosso planeta) está perfurada ou marcada por pequenos orifícios em toda a sua extensão, em cujos pontos algo proveniente de uma ordem diferente dela mesma — a saber, a razão — pode afetá-la. E, antes que jogue fora este livro, quero lhe pedir que considere seriamente se sua repulsa instintiva a uma concepção desse tipo é de fato racional ou apenas emocional ou estética. Sei que o desejo ardente por um Universo homogêneo, no qual tudo seja da mesma espécie — uma continuidade, uma rede sem costura, um Universo democrático — está profundamente arraigado ao coração do homem moderno, e ao meu não menos que ao seu. Será que temos, porém, qualquer garantia real de que as coisas sejam dessa forma? Será que não estamos confundindo aquilo que de fato não passa de desejo humano de ordem e harmonia com uma probabilidade intrínseca? Bacon[1] adverte-nos de que "o intelecto humano, mercê de suas propriedades peculiares, facilmente supõe maior ordem e regularidade no mundo do que de fato nele encontra. Desse modo, como na Natureza existem muitas coisas singulares e ímpares, o mesmo intelecto humano imagina paralelismos, correspondências e relações que não existem. Daí a suposição de que *no céu todos os corpos devem mover-se em círculos perfeitos*" (*Novum organum, ou verdadeiras indicações acerca da interpretação da natureza*, I, 45).[2] Penso que Bacon está certo. A própria Ciência já fez com que a realidade parecesse menos homogênea do que esperávamos que fosse. O atomismo newtoniano era muito mais o que esperávamos (e desejávamos) que a física quântica.

Se você puder, mesmo por um momento, suportar a definição de Natureza sugerida, consideraremos outro fator: as Razões — ou tipos de Razão — que a combatem. Vimos que

[1]Francis Bacon (1561-1626). Estadista inglês e filósofo, fundador do empirismo moderno [N. do E.].

[2]Trad. José Aluysio Reis de Andrade [grifo do original]. Disponível em: <http://www.2dmais.com.br/livros/Francis%20Bacon/novum_organum.pdf>. Data de acesso: 21 jul. 2006 [N. do E.].

o pensamento racional não faz parte do sistema da Natureza. Em cada homem, deve existir uma área (mesmo diminuta) de atividade que esteja fora ou seja independente dela. Em relação à Natureza, o pensamento racional continua "por conta própria" ou existe "por si mesmo". Isso não significa que ele exista *absolutamente* por si mesmo: pode ser independente da Natureza por depender de outra coisa. Porque não é a dependência em si, mas a dependência em relação ao irracional que enfraquece a credibilidade do pensamento. A razão de uma pessoa pode ser levada a ver as coisas com a ajuda da razão de outra sem ficar pior por isso. Continua aberta, portanto, a questão sobre saber se a razão de cada indivíduo existe absolutamente por si mesma ou se é resultante de alguma causa (racional), isto é, de outra Razão. Essa outra Razão provavelmente poderia depender de uma terceira, e assim por diante. Não importa até que ponto o processo se estenda, desde que se constate que a Razão se origina da Razão em cada fase. Somente quando somos chamados a crer na Razão oriunda da não-razão é que devemos dar um basta, porque se não o fizermos todo o pensamento será posto em dúvida. Desse modo, é óbvio que mais cedo ou mais tarde teremos de admitir uma Razão que exista absolutamente por si mesma. O problema é se você ou eu podemos ser essa Razão auto-existente.

Essa pergunta quase responde a si mesma quando lembramos o que significa a existência "por si mesma". Significa o tipo de existência que o Naturalismo atribui ao "espetáculo completo" e o Sobrenaturalismo atribui a Deus. Por exemplo, o que existe por si mesmo deve ter existido desde a eternidade, porque se algo mais pudesse fazê-lo começar a existir então não existiria por si mesmo, mas por causa de outra coisa. Deve também existir continuamente, isto é, não pode deixar de existir e depois começar de novo. Pois uma vez que deixe de existir, naturalmente não poderá chamar a si próprio de volta à existência, e caso outra coisa o faça, então seria um ser dependente. Ora, é evidente que minha Razão vem se desenvolvendo gradualmente desde meu nascimento, sendo interrompida durante várias horas toda noite. Não posso, portanto, ser aquela Razão eterna e auto-existente que não cochila nem dorme. Mesmo assim, se algum pensamento é válido, tal Razão deve existir e deve ser a fonte de minha racionalidade imperfeita e intermitente. A mente humana não é, portanto, a única entidade sobrenatural existente. Ela não surgiu do nada: passou a existir na Natureza por intermédio da Sobrenatureza e sua raiz principal está fixada em um Ser eterno, racional e auto-existente, a quem chamamos Deus. A mente humana é um ramo, um broto, uma incursão dessa realidade Sobrenatural na Natureza.

É possível que a esta altura alguns levantem a seguinte questão: "Se a Razão algumas vezes está presente em minha mente e outras não, então, em lugar de dizer que 'eu' sou produto da Razão eterna, não seria mais sábio dizer simplesmente que a própria Razão eterna opera ocasionalmente em meu organismo, deixando-me permanecer apenas um ser natural?". Um fio não se torna outra coisa além de um fio pelo fato de uma corrente elétrica passar através dele. Entretanto falar desse modo é, em minha opinião, esquecer o que é o raciocínio. Não se trata de um objeto que se choca contra nós, nem mesmo de uma sensação que experimentamos. O raciocínio não "acontece a nós": somos nós que o *produzimos*.

Toda linha de raciocínio é acompanhada pelo que Kant[3] denomina "Eu penso". A doutrina tradicional de que sou uma criatura a quem Deus dotou de raciocínio, mas que difere dele, parece-me muito mais filosófica que a teoria segundo a qual o que parece ser um pensamento meu é na verdade o pensamento de Deus manifestado por meu intermédio. Dessa última perspectiva, fica difícil explicar o que acontece quando penso corretamente, mas chego a conclusões falsas por não estar bem informado dos fatos. Por que Deus, que supostamente conhece os fatos verdadeiros, faria esforço para pensar um de Seus pensamentos perfeitamente racionais por meio de uma mente sujeita a cometer erros é algo que não compreendo. Tampouco compreendo por que, se todos os "meus" pensamentos válidos são na verdade de Deus, Ele próprio os tomaria por meus ou me faria tomá-los por meus. Parece muito mais provável que o pensamento humano não seja de Deus, mas inspirado por Ele.

Devo apressar-me, entretanto, a acrescentar que este é um livro sobre milagres, e não sobre tudo que existe. Não estou tentando apresentar uma doutrina completa sobre o homem,[4] nem pretendo, de forma alguma, insinuar qualquer argumento a favor da "imortalidade da alma". Os documentos cristãos antigos dão uma ênfase casual e pouco expressiva à crença de que a parte sobrenatural do homem sobrevive à morte do organismo natural, mas demonstram

[3]Immanuel Kant (1724-1804), filósofo alemão, autor de *A crítica da razão pura* [N. do E.].

[4]V. Apêndice A [N. do A.].

bem pouco interesse pelo assunto. O que lhes interessa muito é a restauração ou "ressurreição" da criatura em seu todo por meio de um ato divino milagroso. Até que cheguemos a uma conclusão sobre os milagres em geral, não discutiremos essa questão. No estágio em que nos encontramos, o elemento sobrenatural no homem só nos interessa como evidência de que existe algo além da Natureza. A dignidade e o destino do homem nenhuma relação têm, por ora, com o argumento em questão. Só estamos interessados no ser humano porque sua racionalidade é uma possibilidade reveladora que mostra a existência de algo além ou por trás da Natureza.

Em uma lagoa completamente coberta de espuma e vegetação flutuante, você pode deparar com algumas vitórias-régias e vir a interessar-se por elas, em virtude da beleza dessas plantas. No entanto você poderia também estar interessado nelas porque, pela estrutura que apresentam, é fácil inferir que possuem caules subaquáticos que alcançam as raízes no fundo. Para o Naturalista, a lagoa (Natureza — o grande acontecimento no espaço e no tempo) tem profundidade indefinida, porque não há nada além de água, por mais que nos aprofundemos. Minha alegação é que algumas das coisas que estão na superfície (isto é, em nossa experiência) revelam o contrário. Essas coisas (mentes racionais) revelam, mediante um exame, que pelo menos não estão flutuando, mas presas ao fundo pelas ramificações. A lagoa, portanto, tem fundo, não é infinita. Desça até o fundo e chegará ao ponto que não é mais lagoa — alcançará lama e terra, depois pedra e finalmente o maciço da Terra e o fogo subterrâneo.

A esta altura, é tentador verificar se ainda é possível salvar o Naturalismo. Afirmei no capítulo 2 que é possível permanecer Naturalista e mesmo assim crer num determinado tipo de Deus: uma consciência cósmica à qual, de alguma forma, "o espetáculo completo" deu origem. É o que poderíamos chamar Deus *Emergente*. Será que o Deus Emergente não nos daria tudo de que necessitamos? Será realmente necessário introduzir um Deus *sobre*natural, distinto de todo o sistema interligado e fora dele? (Observe, Leitor Moderno, como seu entusiasmo aumenta — como se sentiria mais à vontade com um Deus emergente, em vez de com um transcendente —, como lhe parece menos antiquada, repugnante e ingênua aquela concepção. Uma história ilustra isso, como veremos mais tarde.)

Temo, porém, que ela não resolva o problema. De fato, é possível supor que no momento em que todos os átomos do Universo iniciaram o processo de inter-relação (ao qual iriam se sujeitar, mais cedo ou mais tarde), eles dariam início a uma consciência universal capaz de ter pensamentos e fazer com que passassem pela nossa mente. Infelizmente, os próprios pensamentos, de acordo com essa suposição, seriam produto de causas não-racionais e, portanto, pela regra que usamos diariamente, não teriam validade. Essa mente cósmica seria, de forma bem semelhante à nossa, produto de uma Natureza inconsciente. Não conseguimos escapar da dificuldade que apresentamos há pouco. A mente cósmica nos ajudará somente se a colocarmos no início, se partirmos do pressuposto de que ela é não o produto do sistema total, mas o Fato básico, original, auto-existente, que existe por iniciativa própria. Entretanto, admitir *esse* tipo de mente cósmica é admitir um

Deus fora da Natureza, um Deus transcendente e sobrenatural. Esse caminho, que parecia oferecer uma saída, levanos de volta ao ponto de partida.

Existe então um Deus que não faz parte da Natureza, mas nada foi dito até agora para mostrar que Ele deve tê-la criado. Poderiam Deus e a Natureza ser ambos auto-existentes e totalmente independentes um do outro? Se você pensar que são, então você é Dualista e defende uma opinião que considero mais humana e racional que qualquer forma de Naturalismo. Você poderia ser algo bem pior que um Dualista, mas não penso que o Dualismo seja verdadeiro. Há uma enorme dificuldade em conceber duas coisas que simplesmente coexistem sem qualquer relação entre si. Se essa dificuldade às vezes escapa à nossa observação, deve-se ao fato de sermos vítimas da imaginação. Nós realmente as imaginamos lado a lado, em algum tipo de espaço. Entretanto, se ambas estivessem de fato num espaço-tempo comum ou qualquer que fosse o meio, seriam ambas partes de um sistema — de uma "Natureza". Mesmo que tenhamos êxito em eliminar tais imagens, o simples fato de tentar pensar nelas juntas ofusca a verdadeira dificuldade porque, pelo menos nesse momento, nossa mente é o meio comum. Se é possível haver algo como "diversidade" pura; se as coisas podem coexistir e nada mais, trata-se, em qualquer caso, de um conceito que minha mente não consegue formar. E, no presente caso, parece especialmente desnecessário tentar formá-lo, pois já sabemos que Deus e a Natureza entraram numa determinada relação. Há entre ambos no mínimo uma relação — em certo sentido, quase uma fronteira comum em cada mente humana.

As relações que surgem nessa fronteira são, na verdade, muito complexas e profundas. Essa posição de ataque, cabeça-de-ponte, do Sobrenatural, à qual chamo razão, associa-se com toda a minha essência natural — sensações, emoções etc. — tão completamente que dou a essa associação um único nome: eu. Mais uma vez, há o que denominei "caráter assimétrico das relações de fronteira". Quando as condições físicas do cérebro dominam meus pensamentos, elas só produzem desordem. Meu cérebro, porém, não deixa de ser cérebro quando é dominado pela Razão, nem minhas emoções e sensações perdem suas características. A Razão preserva e fortalece todo o meu sistema psicológico e físico, enquanto esse sistema todo, ao rebelar-se contra a Razão, destrói tanto a Razão quanto a si mesmo. A metáfora militar da cabeça-de-ponte foi aparentemente mal escolhida. A Razão sobrenatural não penetra meu ser natural como uma arma. Assemelha-se mais a um feixe de luz que ilumina ou a um princípio de organização que se unifica e desenvolve. Toda a nossa concepção de Natureza "invadida" (como por um inimigo estranho) estava errada. Quando de fato examinamos essa invasão, vemos que se parece mais com a chegada de um rei entre seus súditos ou um tratador de elefantes visitando seu animal. O elefante pode agir de forma selvagem, a Natureza pode rebelar-se, mas, ao se observar o que acontece quando a Natureza obedece, é quase impossível deixar de concluir que é próprio da "natureza" dela o ser submissa. Tudo acontece *como se* ela tivesse sido designada exatamente para aquele papel.

Acreditar que a Natureza deu origem a Deus ou mesmo à mente humana é, como já vimos, um absurdo. Acreditar que ambos são independentes e auto-existentes é impossível — pelo menos a tentativa de fazer isso me torna incapaz de dizer que estou pensando em qualquer coisa. É verdade que o Dualismo possui alguma atração teológica e parece amenizar o problema do mal. Entretanto, se não pudermos de fato entender o Dualismo por completo, essa promessa atraente jamais se sustentará, e penso que existem soluções melhores para o problema do mal. Resta então a crença de que Deus criou a Natureza. Isso, de imediato, estabelece uma relação entre eles e afasta a dificuldade da "diversidade" pura, encaixando-se também na situação de fronteira mencionada, em que tudo faz parecer que a Natureza não resiste a um invasor estranho, mas se rebela contra um soberano legal. Isso — e talvez apenas isso — se enquadra no fato de que a Natureza, embora não pareça inteligente, é inteligível e que os eventos nas partes mais remotas do espaço parecem obedecer às leis do pensamento racional. Nem mesmo o próprio ato da criação apresenta qualquer uma das dificuldades intoleráveis com as quais deparamos nas demais hipóteses. Existe algo em nossa mente humana que, de leve, se assemelha a isso. Podemos imaginar, isto é, podemos motivar a existência de imagens mentais de objetos materiais e mesmo de personagens humanas e acontecimentos. Com respeito à criação, falhamos de dois modos. Em primeiro lugar, podemos apenas recombinar elementos tomados de empréstimo do Universo real: ninguém é capaz de imaginar uma nova cor primária, nem um sexto sentido. Em segundo lugar, aquilo que imaginamos só existe em nossa consciência, embora possamos, por palavras, levar outras pessoas a construir em sua mente imagens semelhantes. Teríamos de atribuir a Deus o poder de produzir os elementos básicos e inventar não apenas as cores, mas a própria cor, os próprios sentidos, o espaço, o tempo e a matéria em si mesmos, bem como impor às mentes criadas aquilo que Ele inventou. Essa suposição não me parece absurda. Certamente, é mais aceitável que a idéia de Deus e Natureza como entidades totalmente independentes e mais fácil que a idéia de uma Natureza que produz um pensamento válido.

Não afirmo que a tese da criação da Natureza por Deus e a existência dele possam ser rigorosamente provadas, mas me parecem extremamente prováveis, tão prováveis que qualquer pessoa que aborde a questão com a mente aberta não defenderá com seriedade outra hipótese. De fato, poucas vezes encontramos pessoas que aceitem a existência de um Deus sobrenatural e ao mesmo tempo neguem que Ele seja o Criador. Todas as evidências apontam nessa direção, e se tentamos acreditar em outra coisa surgem dificuldades de todos os lados. Desconheço uma teoria filosófica que seja um avanço radical comparável às palavras de Gênesis: "No princípio Deus criou os céus e a terra". Digo "radical" porque a história de Gênesis, como disse Jerônimo, é contada em forma de "poesia popular" ou, como diríamos hoje, em forma de lenda ou conto popular. Entretanto, se a compararmos com as lendas de outros povos sobre a Criação — com todos aqueles absurdos encantados sobre gigantes que precisam ser destruídos e dilúvios cujas águas precisam baixar, trazidos à existência *antes* da Criação —, a profundidade e a originalidade da lenda hebraica logo serão evidentes. A idéia de *criação*, no sentido estrito da palavra, é perfeitamente compreendida.

Capítulo cinco
Uma nova dificuldade no Naturalismo

> Até mesmo um determinista tão rigoroso quanto Karl Marx, que às vezes descrevia o comportamento social da burguesia em termos que sugeria um problema de física social, podia submetê-lo outras vezes a um desdém destruidor justificado tão-somente pela pressuposição da responsabilidade moral.
>
> R. Niebuhr, *An Interpretation of Christian Ethics*

Algumas pessoas consideram o pensamento lógico a mais mortal e árida de nossas atividades e, por essa razão, é provável que sintam aversão pela posição privilegiada que lhe conferi no capítulo anterior. No entanto o pensamento lógico — o Raciocínio — precisava ser o pivô do argumento, pois de todas as alegações apresentadas pela mente humana, a única que o Naturalista não pode negar sem cortar a própria garganta (falando em termos filosóficos) é a de que o Raciocínio é válido. Não se pode, como vimos, provar que não há provas. Contudo, se quisermos, podemos considerar ilusão todos os ideais humanos e todo amor humano um subproduto biológico. Ou seja, é possível fazer isso sem correr o risco da incoerência interna e da falta de bom senso. Agora, se podemos fazer isso sem uma extrema improbabilidade, sem aceitar uma concepção de coisas na qual ninguém realmente acredita, é outra questão.

Além de raciocinar sobre coisas concretas, o homem também faz julgamentos morais: "Devo fazer isto"; "Não devo fazer isto"; "Isto é bom"; "Isto é mau". Dois pontos de vista têm sido defendidos quanto aos julgamentos morais. Alguns acreditam que, quando os fazemos, não empregamos a Razão, e sim um poder diferente. Outros pensam que são produto de nossa Razão. Eu, particularmente, defendo o segundo argumento, porque acredito que os princípios morais essenciais, dos quais todos os demais dependem, são percebidos racionalmente. "Acabamos de ver" que não há razão para que a felicidade de meu vizinho seja sacrificada em meu benefício, assim como "acabamos de ver" que as coisas iguais a uma mesma coisa são iguais entre si. Se não pudermos provar nenhum desses axiomas, não é por serem irracionais, mas porque são auto-evidentes, e todas as provas dependem deles. A sua racionalidade intrínseca brilha por meio da luz que possuem. É pelo fato de toda moralidade se basear nesses princípios auto-evidentes que quando queremos que alguém tenha determinada conduta dizemos: "Seja razoável".

Isso, porém, é secundário. Para o propósito atual, não importa que pontos de vista você adote. O que importa é observar que os julgamentos morais levantam o mesmo tipo de dificuldade para o Naturalismo que quaisquer outros pensamentos. Sempre supomos, em discussões sobre moralidade (ou sobre qualquer assunto), que o ponto de vista do outro não têm valor se puder ser plenamente justificado por alguma causa não moral ou não racional. Quando dois indivíduos diferem sobre o bem e o mal, logo vemos esse princípio entrando em cena: "Ele defende a não-violação da propriedade por ser milionário"; "Ele acredita no Pacifismo porque é um covarde"; "Ele aprova o castigo físico por ser um sádico". Tais declarações muitas vezes podem não ser verdadeiras, mas o simples fato de serem defendidas por um lado e calorosamente refutadas por outro, mostra muito bem que princípio está sendo aplicado. Nenhum dos lados duvida que tais declarações seriam decisivas caso fossem verdadeiras. Ninguém (na vida real) presta atenção em julgamento moral algum que se apresente como decorrente de causas não morais e não racionais. Os freudianos e marxistas atacam a moralidade tradicional exatamente nesse aspecto — e com muito sucesso. Todos aceitam o princípio.

Naturalmente, desabonar julgamentos morais particulares deve igualmente desabonar o julgamento moral como um todo. Se o fato de os homens terem idéias como *devo* e *não devo* puder ser explicado completamente por causas irracionais e não morais, então essas idéias não passam de ilusão. O Naturalista está pronto para explicar como surgiu a ilusão. Condições químicas produzem vida, e a vida, sob a influência da seleção natural, produz consciência. Organismos conscientes que se comportam de certa forma vivem mais tempo que aqueles que se comportam de outra. Por viverem mais, a probabilidade de reprodução deles é maior. A herança e os ensinamentos são transmitidos à sua descendência pelo tipo de comportamento. Por isso, cada espécie desenvolve um padrão comportamental. Na espécie humana, o ensino consciente desempenha um papel muito relevante no estabelecimento desse padrão, e a comunidade fortalece-o ainda mais, aniquilando os que não o aceitam. Também inventam deuses que, segundo dizem, castigam os que os abandonam. Dessa forma, com o tempo, passa a existir um forte impulso humano de conformidade. No entanto, como esse impulso está quase sempre em oposição a outros, surge um conflito mental, e o indivíduo o expressa, dizendo: "Quero fazer A, mas devo fazer B".

Esta descrição pode (ou não) explicar por que os homens fazem julgamentos morais, embora não explique como poderiam ter certeza ao fazê-los. Na verdade, ela exclui a própria possibilidade de estarem certos. Pois quando os indivíduos dizem: "Eu devo", certamente pensam que estão dizendo algo verdadeiro quanto à natureza da ação proposta, e não simplesmente falando dos próprios sentimentos. Se o Naturalismo, porém, estiver correto, então "Eu devo" é o mesmo tipo de declaração que "Eu desejo" ou "Estou me sentindo mal". Na vida real, quando um indivíduo diz: "Eu devo", podemos responder: "Sim. Você está certo. *É* isso que você deve fazer" ou: "Não. Acho que está enganado". Entretanto num mundo de Naturalistas (se estes realmente aplicassem sua filosofia fora da escola) a única resposta sensata seria: "Ah, você está?". Todos os julgamentos morais seriam declarações a respeito dos sentimentos do interlocutor, tomados erroneamente por ele como declarações sobre algo (a verdadeira qualidade moral das ações) que não existe.

Uma doutrina como essa, conforme admiti, nem sempre é incoerente em si mesma. O Naturalista pode enfrentá-la, se assim o desejar. Pode dizer: "Sim. Concordo em que não há certo e errado. Admito que nenhum julgamento moral pode ser 'verdadeiro' ou 'correto' e que, conseqüentemente, nenhum sistema de moralidade é melhor ou pior que outro. Todas as idéias sobre bem e mal não passam de alucinações, sombras lançadas no mundo exterior pelos impulsos que nos condicionamos a sentir". De fato, muitos Naturalistas deleitam-se em dizer isso.

Então, é preciso que se prendam a isso, o que felizmente (embora com inconstância) a maior parte dos verdadeiros Naturalistas não faz. Logo depois de admitir que o bem e o mal são ilusões, eles nos estimulam a trabalhar para a posteridade, a educar, a revolucionar, a viver e a morrer pelo bem da raça humana. Um Naturalista como H. G. Wells passou boa parte da vida fazendo isso com zelo e eloqüência apaixonados. Mas não é estranho? Da mesma forma que todos os livros sobre espirais nebulosas, átomos e homens das cavernas levariam você a supor que os Naturalistas afirmavam ter condições de conhecer alguma coisa, assim também todos os livros em que eles nos dizem o que fazer nos levariam realmente a crer que alguns conceitos de bem (o deles, por exemplo) seriam, de alguma forma, preferíveis a outros. Porque eles escrevem com indignação, como homens que proclamam o que é bom em si mesmo e acusam o que é mau em si mesmo, e não como indivíduos que dizem gostar de cerveja suave, enquanto outros preferem a amarga. Se os "devos" do Sr. Wells, entretanto, e, digamos, também os de Franco, forem igualmente impulsos que a Natureza lhes condicionou a sentir, e nenhum deles nos disser nada a respeito de algo objetivamente certo ou errado, de onde vem todo esse fervor? Teriam eles lembrado, enquanto escreviam, de que, ao nos dizer que "devemos fazer um mundo melhor", as palavras "devemos" e "melhor" devem, por sua própria demonstração, fazer referência a um impulso irracionalmente condicionado, que não é mais verdadeiro nem mais falso que um vômito ou um bocejo?

Penso que às vezes eles se esquecem disso, e essa parece ser justamente a glória deles. Defendem uma filosofia que exclui a humanidade, mas ainda assim permanecem humanos. À vista da injustiça, jogam para o alto todo o seu Naturalismo e falam como homens e como gênios. Sabem muito mais do que pensam que sabem, mas, em outros momentos, suspeito que estejam confiando em uma suposta forma de escapar à dificuldade.

Isso funciona — ou *parece* funcionar — assim. Eles dizem consigo mesmos: "Ah, sim, a Moralidade!" — ou "a moralidade burguesa", ou "a moralidade convencional", ou "a moralidade tradicional", ou outra valorização qualquer. "A moralidade *é* uma ilusão, mas descobrimos que os modos de comportamento irão, de fato, preservar a raça humana. É na adoção desse comportamento que estamos insistindo. Por favor, não nos confundam com moralistas, pois estamos sujeitos a uma orientação completamente nova", como se isso pudesse ajudar. Ajudaria se apenas admitíssemos, em primeiro lugar, que a vida é melhor que a morte e, em segundo, que devemos cuidar da vida de nossos descendentes, tanto ou ainda mais que da nossa. Tanto um quanto outro são julgamentos morais que, como todos os outros, foram interpretados pelos Naturalistas. Com certeza, por termos sido condicionados pela Natureza de determinado modo, nos sentimos dessa forma a respeito da vida e da posteridade. Os Naturalistas, contudo, têm-nos libertado de confundir esses sentimentos com as percepções daquilo que antes chamávamos "valores reais". Agora que sei que meu impulso de servir à posteridade é exatamente da mesma ordem que minha predileção por queijo — agora que suas pretensões transcendentais foram expostas como pretextos — você acha que devo prestar atenção a isso? Quando esse impulso é forte (e ele enfraqueceu bastante desde que me foi explicada sua verdadeira natureza), suponho que deva obedecer-lhe. Quando, porém, estiver fraco, investirei onde convém. Não há razão para estimular um impulso em vez de outro, não agora que sabemos o que ambos representam. Os Naturalistas não devem destruir toda a minha reverência pela consciência em um dia e esperar encontrar-me reverenciando-a no outro.

Não existe saída nessa direção. Se é para continuar a fazer julgamentos morais (e não importa o que afirmemos, continuaremos fazendo isso), então devemos acreditar que a consciência do homem não é produto da Natureza. Ela só tem valor se for derivada de alguma sabedoria moral absoluta, uma sabedoria moral que existe absolutamente "por si mesma" e não seja produto de uma Natureza não moral e não racional. Da mesma forma que o argumento do capítulo anterior nos levou ao conhecimento de uma fonte sobrenatural do pensamento racional, igualmente o argumento deste capítulo nos leva ao conhecimento de uma fonte sobrenatural para nossas idéias sobre o bem e o mal. Ou seja, agora sabemos alguma coisa a mais sobre Deus. Se você defende que o julgamento moral difere do Raciocínio, expressará esse novo conhecimento dizendo: "Agora sabemos que Deus tem, pelo menos, outro atributo além da racionalidade". Se você, como eu, pensa que o julgamento moral é um tipo de Raciocínio, então dirá: "Agora sabemos mais sobre a Razão Divina".

Com isso, estamos quase prontos para dar início ao nosso principal argumento. Antes de fazê-lo, no entanto, convém considerar algumas preocupações ou equívocos que possam ter surgido.

Capítulo seis
Respostas às inquietações

> Assim como os olhos do morcego estão para a luz do dia, o intelecto de nossa alma está para as coisas que, por sua própria natureza, são as mais visíveis do mundo.
>
> Aristóteles, *Metafísica*

Deve ficar claro que até agora o argumento não nos levou a nenhuma concepção de "alma" ou "espírito"[1] (palavras que evitei) vagando pelo reino da Natureza sem nenhuma relação com o ambiente. Por essa razão, não negamos — na verdade devemos acolher — determinadas considerações que muitas vezes são apresentadas como provas do Naturalismo. Admitimos — e até mesmo insistimos — que o Pensamento Racional pode-se revelar como tendo sua prática condicionada por um objeto natural (o cérebro). Com esse objeto temporariamente debilitado pelo álcool ou por um golpe na cabeça, o pensamento enfraquece à medida que o cérebro se

[1]A esse respeito, lêia-se o Apêndice A [N. do E.].

consome e definha, deixando de funcionar. Da mesma forma, a perspectiva moral de uma comunidade pode mostrar-se intimamente relacionada à história, ao contexto geográfico, à estrutura econômica que lhe são próprios, e assim por diante. As idéias morais do indivíduo relacionam-se igualmente à situação geral deste. Não é por acaso que pais e professores tantas vezes nos dizem que podem suportar qualquer vício menos a mentira, a única arma defensiva da criança. Tudo isso, longe de trazer-nos alguma dificuldade, é exatamente o que deveríamos esperar.

O elemento moral e racional na mente humana é um ponto de força decorrente do Sobrenatural que abre caminho na Natureza, explorando em cada ponto as condições que esta oferece, repelido quando as condições não são adequadas e impedido quando são desfavoráveis. O Racional do homem *é apenas* aquela parte da Razão eterna que o estado de seu cérebro deixa entrar em operação e representa, por assim dizer, o acordo estabelecido ou a fronteira determinada entre a Razão e a Natureza nesse ponto em particular. A perspectiva moral de uma nação é apenas aquela parte na Sabedoria Moral eterna que sua história, economia etc. permitem passar. Do mesmo modo, a voz do locutor é apenas aquela parte da voz humana que o microfone transmite. Ela, naturalmente, varia conforme a condição do receptor e perde sua capacidade à medida que o aparelho se desgasta — ou se destrói, caso eu jogue um tijolo nele. Está condicionada pelo aparelho, mas não teve origem nele. Se fosse assim, se soubéssemos que não havia nenhum ser humano ao microfone, não daríamos atenção às notícias. As condições variadas e complexas sob as quais a Razão e a Moral se manifestam são as voltas e curvas da fronteira entre a Natureza e a Sobrenatureza. Eis a razão pela qual, se quisermos, podemos sempre ignorar a Sobrenatureza e tratar os fenômenos como puramente naturais, da mesma forma que alguém estudando num mapa os limites de Cornwall e Devonshire pode dizer: "O que chamamos abaulamento em Devonshire é rebaixamento em Cornwall". E, de certo modo, não podemos refutá-lo, pois o que chamamos "abaulamento" em Devonshire *é* um "rebaixamento" em Cornwall. O que chamamos pensamento racional num indivíduo envolve sempre uma condição do cérebro, a saber, uma relação de átomos. No entanto, Devonshire não é nada mais que "onde termina Cornwall", e a Razão é alguma coisa além da bioquímica cerebral.

Retomo agora outra possível inquietação. Para alguns, a grande dificuldade sobre qualquer argumento a favor do Sobrenatural é simplesmente o fato de que deveria haver necessidade dele. Se algo tão estupendo existe, não deveria ser tão evidente quanto o Sol no céu? Não deveria ser intolerável e mesmo incrível que o conhecimento do mais básico de todos os Fatos seja apenas acessível por meio de raciocínios sutis, os quais a grande maioria não é capaz de desenvolver ou não tem tempo livre para isso? Tenho grande afinidade com esse ponto de vista, mas devemos observar duas coisas.

Quando você observa um jardim de um quarto no andar superior, é óbvio (uma vez que pense no assunto) que está olhando por uma janela. Entretanto, se seu interesse for o jardim, é provável que o observe por longo tempo sem pensar na janela. Quando está lendo um livro, é claro (se atentar bem) que está usando seus olhos, mas a não ser que eles comecem a doer ou que o livro seja sobre óptica você pode ler a noite inteira sem pensar uma só vez nos olhos. Quando falamos, obviamente fazemos uso da linguagem e da gramática, mas ao tentar expressar-nos em uma língua estrangeira tornamo-nos dolorosamente conscientes do fato. Entretanto, ao falar nossa língua nem sequer notamos isso. Quando você grita do alto da escada: "Vou descer num minuto", você não tem consciência de que fez uma concordância gramatical, usando o verbo e o sujeito no singular. Conta-se a história de um índio que, após ter aprendido várias línguas, foi convidado a elaborar uma gramática do idioma falado por sua tribo. Depois de pensar um pouco, ele respondeu que sua tribo não tinha gramática, pois a gramática que usara a vida inteira nunca fora percebida por ele. Ele a conhecia tão bem (em um sentido) que (em outro sentido) não sabia que ela existia.

Todos os exemplos mostram que, de certo modo, aquilo que é apresentado como o mais evidente e principal dos fatos, o único por meio do qual você tem acesso a todos os demais, pode ser, na verdade, o mais facilmente esquecido, não por ser tão remoto ou confuso, mas por estar tão próximo e manifesto. É exatamente desse modo que o Sobrenatural tem sido posto de lado. Os Naturalistas têm-se ocupado em pensar sobre a Natureza, sem atentar para o fato de que *pensam*. No momento em que atentamos para isso, fica evidente que nosso pensamento não pode ser simplesmente um evento natural e que, portanto, existe algo além da Natureza. O Sobrenatural não é remoto e confuso. Trata-se de um assunto da experiência diária e de toda hora, tão pessoal quanto a respiração. A negação disso depende de alguma distração, que não é de forma alguma surpreendente. Você não precisa — e na verdade não quer — estar sempre pensando em janelas quando olha para o jardim nem quer pensar nos olhos quando faz uma leitura. Da mesma forma, o procedimento adequado para todos os questionamentos limitados e específicos é ignorar o fato dos próprios pensamentos e concentrar-se no objeto. Somente quando você se afasta das indagações particulares e tenta elaborar uma filosofia completa é que deve levá-los em consideração, porque essa espécie de filosofia deve apropriar-se de *todos* os fatos. Nela, você põe de lado o pensamento especializado ou incompleto e volta-se para o pensamento total, e um dos fatos em que o pensamento total deve pensar é nele mesmo. Assim, existe uma tendência, no estudo da Natureza, de fazer-nos esquecer o mais evidente dos fatos. E, desde o século XVI, quando nasceu a Ciência, a mente humana voltou-se cada vez mais para fora, a fim de conhecer a Natureza e dominá-la. Os homens passaram a se envolver cada vez mais em indagações especializadas para as quais o método correto é o pensamento truncado. Não é, portanto, nenhuma surpresa o fato de terem-se esquecido da evidência a favor do Sobrenatural. O hábito profundamente arraigado do pensamento truncado — a que chamamos hábito "científico" da mente — levaria com certeza ao Naturalismo, a não ser que essa tendência fosse continuamente corrigida de outra fonte. No entanto, fonte alguma se achava à disposição, pois durante o mesmo período os cientistas passaram a deixar de lado a cultura metafísica e teológica.

Passamos com isso à segunda consideração. A conjuntura na qual pessoas leigas somente podem descobrir o Sobrenatural por meio do raciocínio complexo é recente e, segundo os padrões históricos, anormal. No mundo inteiro, até quase recentemente, a percepção direta do místico e o raciocínio dos filósofos penetravam a massa do povo pela autoridade e pela tradição. Eles podiam ser recebidos por aqueles que não tinham grande capacidade de raciocinar de forma concreta sobre o mito, sobre os rituais e todos os padrões de vida. Nas condições produzidas por um século ou mais de Naturalismo, homens simples estão sendo forçados a suportar pesos que jamais tiveram de agüentar. Devemos aprofundar-nos na verdade por nós mesmos ou seguir sem ela. Há duas explicações para isso. Pode ser que a humanidade, ao rebelar-se contra a tradição e a autoridade, tenha cometido um erro gravíssimo, que não será menos fatal só porque a corrupção dos investidos de autoridade tornou o erro justificável. Também é possível que o Poder que governa nossa espécie esteja neste momento realizando uma experiência ousada. Teria sido proposital que toda a massa humana devesse agora avançar e ocupar aqueles patamares antes reservados apenas aos sábios? Deverá desaparecer a distinção entre simples e sábio, porque se espera que agora todos se tornem sábios? Caso positivo, nossos atuais deslizes seriam apenas problemas comuns durante o crescimento. Não nos enganemos, porém, quanto às nossas necessidades. Se nos satisfizermos em retroceder e em tornar-nos homens humildes e simples, obedecendo à tradição, tudo bem. Contudo, se estivermos prontos a subir e a lutar até tornarmo-nos sábios, melhor ainda. Entretanto, o homem que não quiser obedecer à sabedoria de outros, nem se aventurar a obtê-la para si, estará perdido. Uma sociedade em que as pessoas mais simples obedecem aos poucos com visão, pode viver, e uma sociedade em que todos podem ver, vive mais plenamente, mas uma sociedade em que a massa continua simples e os que têm visão não mais são ouvidos só pode alcançar superficialidade, torpeza, ignomínia e, por fim, a extinção. Devemos avançar ou retroceder, pois permanecer aqui é morte certa.

Outro fator que pode ter levantado dúvidas ou dificuldades deve ser abordado. Tenho razões de sobra para acreditar que um elemento sobrenatural esteja presente em todo homem racional. A presença da racionalidade humana no mundo é, portanto, um Milagre, segundo a definição do capítulo 2. Ao perceber isso, o leitor poderá pensar e com justiça: "Ah, mas *isso* é tudo que ele tem a dizer sobre Milagre?!", e jogar o livro fora. Peço-lhe, porém, que tenha paciência. A Razão humana e a Moralidade não foram mencionadas como exemplos de milagre (pelo menos não o tipo de milagre sobre o qual você quer ouvir), mas como provas do Sobrenatural — não para mostrar que a Natureza jamais foi invadida, mas que existe um possível invasor. Quer você decida chamar Milagre a invasão familiar e regular da Razão humana, quer não, é simples questão de semântica. Sua regularidade — o fato de entrar regularmente pela mesma porta, o intercurso sexual humano — pode levá-lo a não desejar fazer isso. É como se a própria natureza da Natureza sofresse *essa* invasão. Contudo podemos então descobrir mais tarde que foi a própria natureza da Natureza a sofrer os Milagres, via de regra. Felizmente, o curso de nosso argumento nos permitirá deixar de lado a questão da terminologia. Estamos interessados em outras invasões da Natureza — o que todos chamariam Milagres. Nossa pergunta pode ser assim formulada, se você gostou: "Produz sempre a Sobrenatureza resultados particulares no espaço e no tempo, exceto por meio da instrumentalidade do cérebro humano, agindo sobre os nervos e os músculos do homem?".

Digo "resultados particulares" porque, em nossa teoria, a Natureza em si mesma já é um resultado grandioso do Sobrenatural. Deus a criou e penetra onde quer que exista mente humana. Supõe-se que Deus a mantenha existindo. A questão é se Ele sempre faz algo mais a ela. Será que Ele, além de tudo, sempre introduz eventos, sobre os quais não seria verdadeiro dizer: "Isso é simplesmente o desenvolvimento do caráter geral que Ele deu à Natureza como um todo ao criá-la"? Esses eventos são popularmente chamados Milagres, e será apenas nesse sentido que o termo Milagre será empregado no restante deste livro.

Capítulo sete
O capítulo das falácias

> Surgiu então Maul, um gigante. Esse Maul costumava confundir os jovens peregrinos com seus sofismas.
>
> Bunyan

Admitir que Deus existe e é o autor da Natureza de forma alguma prova que milagres ocorram, ou mesmo que possam ocorrer. O próprio Deus poderia ser um ente cujo caráter não permitisse operar milagres. Ou ainda Ele poderia ter feito a Natureza de tal forma que nada pudesse ser acrescentado, subtraído ou modificado. O argumento contra os Milagres apóia-se, portanto, em duas bases diferentes. Pensamos que o caráter de Deus exclui os milagres ou que o caráter da Natureza os exclui. Começaremos com a segunda, que é a mais popular. Neste capítulo, pondero sobre algumas formas de Milagres que, em minha opinião, são muito superficiais e poderiam ser até considerados equívocos ou Falácias.

Vamos à primeira Falácia. Um dia, você pode ouvir alguém (não necessariamente um descrente) comentar a respeito de um propalado milagre: "Não. É claro que não acredito nisso! Sabemos que é contrário às leis da Natureza. As pessoas podiam crer nisso antigamente, porque não conheciam as leis da Natureza, mas agora sabemos que é algo cientificamente impossível".

Por "leis da Natureza", penso que esse indivíduo esteja referindo-se ao curso observado por ela. Caso queira dizer mais que isso, então não é o homem simples que pensei que fosse, mas um Naturalista filosófico, ao qual responderei no capítulo seguinte. O indivíduo que tenho em mente acredita que uma simples experiência (em especial a realizada hipoteticamente, a que chamamos Experimento) pode-nos mostrar o que acontece na Natureza com regularidade. Para ele, o que descobrimos exclui a possibilidade do Milagre. Trata-se de uma confusão mental.

Admitir que milagres *podem* ocorrer na verdade é confirmar por experiência se algum deles ocorreu em determinada ocasião. No entanto, a simples experiência, mesmo prolongada por um milhão de anos, não nos pode confirmar se o fato é possível. Experimentos revelam o que acontece regularmente na Natureza, a norma ou a regra em relação à qual ela opera. Os que crêem em milagres não estão negando a existência de normas ou regras, mas apenas que ela pode ser suspensa. O milagre é, por definição, uma exceção. Como então a descoberta da regra pode-nos dizer se ela pode ser suspensa, admitida uma causa suficiente? Se disséssemos que a regra era A, então a experiência poderia nos refutar ao descobrir que era B. Se afirmássemos que não há regra, poderíamos ser contestados pela experiência ao observar que ela existe. Contudo não estamos afirmando nenhuma dessas coisas. Concordamos em que há uma regra, a qual é B. No entanto, que relação tem isso com a questão de a regra poder ser suspensa? Você responde: "A experiência mostra que isso nunca aconteceu". Nós replicamos: "Mesmo que fosse assim, não provaria que não possa haver uma possibilidade". Será, porém, que a experiência mostra mesmo que isso nunca aconteceu? O mundo está cheio de histórias contadas por pessoas que afirmam ter experimentado milagres. Talvez as histórias sejam falsas, talvez sejam verdadeiras. Antes de decidir sobre a questão histórica, porém, precisamos descobrir (como mencionado no capítulo 1) se o fato é possível e, se for, qual sua probabilidade".

O conceito de que o progresso da ciência de alguma forma alterou essa questão está intimamente relacionado com a noção de que as pessoas "antigamente" acreditavam em milagres "porque não conheciam as leis da Natureza". Por isso, ouviremos pessoas afirmarem: "Os primeiros cristãos acreditavam que Cristo era filho de uma virgem, mas sabemos que isso é cientificamente impossível". Tais pessoas parecem ter a idéia de que a crença em milagres surgiu num período em que os homens eram tão ignorantes com relação ao curso da Natureza a ponto de não perceber que um milagre seria contrário a ele. Se refletirmos por um momento, veremos que isso é tolice, e a história do Nascimento Virginal é um exemplo particularmente surpreendente. Quando José descobriu que sua noiva estava grávida, a decisão de repudiá-la foi natural. Por quê? Porque ele sabia tão bem quanto qualquer ginecologista moderno que, pelo curso normal da Natureza, as mulheres só engravidam quando têm relações sexuais com um homem. Os ginecologistas modernos evidentemente sabem muitas coisas sobre nascimento e concepção de filhos que José não sabia. Mas elas não interessam ao ponto central: que um nascimento virginal é contrário ao curso da Natureza. José obviamente sabia *disso*. Em qualquer sentido que hoje fosse verdadeiro afirmar: "Isso é cientificamente impossível", ele teria dito o mesmo. Isso sempre foi impossível e considerado uma impossibilidade, *a não ser* que os processos normais da Natureza estivessem, nesse caso em particular, sendo dominados ou alterados por algo além dela. Quando José finalmente aceitou a idéia de que a gravidez de sua prometida não era fruto de infidelidade, mas de um milagre, ele aceitou o milagre como algo contrário à ordem conhecida da Natureza. Todos os relatos sobre milagres ensinam-nos a mesma coisa. Em tais histórias, eles provocam medo e admiração (é justamente o que o próprio termo Milagre implica) entre os espectadores e são considerados evidências de um poder sobrenatural. Se não fossem encarados como contrários às leis da Natureza, como poderiam sugerir a presença do sobrenatural? Como poderiam surpreender se não fossem vistos como exceções à regra? E como algo pode ser considerado exceção até que as regras sejam conhecidas? Se houvesse alguém que não conhecesse *absolutamente nada* sobre as leis da Natureza, não teria a mínima idéia do que seria um milagre nem sentiria qualquer interesse particular se um deles lhe ocorresse. Nada parece extraordinário até que se conheça o que é ordinário. A crença em milagres, longe de depender da ignorância em relação às leis da Natureza, só é possível na medida em que essas leis são conhecidas. Já vimos que, se começarmos por excluir o sobrenatural, não reconheceremos milagre algum. Devemos acrescentar ainda que, da mesma forma, não os reconheceremos, a menos que acreditemos que a Natureza opera segundo leis regulares. Se você ainda não observou que o Sol sempre nasce no Leste, também não irá se admirar se um dia ele nascer no Oeste.

Se os milagres nos fossem apresentados como eventos normais, o progresso da ciência, cujo objetivo é mostrar-nos como as coisas normalmente ocorrem, dificultaria a crença neles e, por fim, a tornaria impossível. Exatamente nesse sentido, o avanço da ciência (para nosso grande benefício) gerou várias criaturas, nas quais nossos ancestrais acreditavam: formigas devoradoras de homens e grifos na Cítia,[1] homens gigantescos de um único pé, ilhas magnéticas que atraem todos os navios, sereias e dragões que expelem fogo. Essas coisas, porém, jamais foram apresentadas como interrupção sobrenatural do curso da Natureza, e sim como algo que fazia parte do curso normal — de fato, como "ciência". Uma ciência posterior e mais adequada as desconsiderou. Os milagres ocupam uma posição completamente diferente. Se houvesse dragões cuspindo fogo, nossos caçadores especializados os descobririam. Entretanto, ninguém jamais supôs que o Nascimento Virginal ou a caminhada de Cristo sobre as águas pudesse voltar a acontecer. Quando algo de início alega ser uma invasão da Natureza sem precedentes que advém de qualquer coisa fora dela, o conhecimento mais aprofundado da Natureza jamais poderá torná-lo mais ou menos digno de crédito do que foi a princípio. Nesse sentido, supor que o

[1]O grifo é um animal mitológico que tem corpo de leão e cabeça de águia. A Cítia, no imaginário grego, é uma região selvagem, deserta e remota [N. do E.].

avanço da ciência tenha dificultado a aceitação de milagres é meramente um raciocínio confuso. Sempre soubemos que são contrários ao curso natural dos acontecimentos. Sabemos também que eles são possíveis, se houver algo além da Natureza. Esses são os elementos essenciais da questão. O tempo, o progresso, a civilização e a ciência não os alteraram de modo algum. Os fundamentos para a crença ou descrença hoje são os mesmos de mil ou dez mil anos atrás. Se José não tivesse fé para confiar em Deus ou humildade para reconhecer a santidade de sua mulher, talvez não tivesse acreditado na origem milagrosa do Filho de Maria tão facilmente quanto qualquer homem de hoje. Por sua vez, qualquer homem de hoje que acredite em Deus pode aceitar o milagre com a mesma facilidade que José. Você e eu podemos não concordar, mesmo ao término deste livro, quanto à ocorrência ou não de milagres. Contudo, pelo menos não vamos falar tolices nem permitir que retóricas vagas sobre o curso da ciência nos enganem com a suposição de que o mais complicado relato do nascimento, em termos de gene e espermatozóides, nos deixe mais convencidos que antes de que a *natureza* não envia bebês a senhoritas que "não conheceram homem".

Vejamos a segunda Falácia. Muitos dizem que as pessoas podiam acreditar em milagres no passado porque tinham um conceito errado do Universo. Elas julgavam que a Terra era o maior corpo que havia nele, e o Homem, a criatura mais importante. Parecia, pois, razoável supor que o Criador estivesse especialmente interessado no ser humano e pudesse até interromper o curso da Natureza a fim de beneficiá-lo. Agora que conhecemos a real imensidão do Universo, porém, agora que compreendemos nosso planeta e sabemos que todo o Sistema Solar não passa de um grão de arroz, torna-se ridículo continuar acreditando nelas. Descobrimos nosso significado e não podemos mais supor que Deus esteja tão drasticamente interessado em nossos assuntos triviais.

Qualquer que seja seu valor como argumento, pode-se afirmar de imediato que esse ponto de vista está completamente equivocado em relação aos fatos. A imensidão do Universo não é descoberta recente. Há mais de 1.700 anos, Ptolomeu ensinou que a Terra deve ser considerada um ponto de pequena magnitude em relação à distância das estrelas fixas. Esse sistema astronômico foi universalmente aceito na Idade Média. A insignificância da Terra era ponto pacífico tanto para Boethius, Dante e Chaucer e o rei Alfredo, quanto o é para H. G. Wells ou para o professor Haldane. Qualquer declaração em contrário na moderna literatura deve-se à ignorância.

A verdadeira questão é muito mais ampla do que em geral supomos. A verdadeira pergunta é por que a insignificância da Terra em relação ao espaço, depois de defendida durante quinze séculos por filósofos, cantada por poetas e discutida por moralistas, todos cristãos sem a mínima suspeita de que conflitaria com sua teologia, de repente se coloca em tempos tão modernos como argumento contra o Cristianismo e alcança tanto sucesso? Apresentarei, em seguida, uma suposição sobre a resposta a essa questão. No momento, vamos considerar a força desse argumento comum.

Quando o médico faz a autópsia em um cadáver e diagnostica envenenamento, ele sabe claramente em que estado os órgãos estariam se a morte fosse natural. Se pudéssemos diagnosticar que o Cristianismo é falso com base na vastidão do Universo e na insignificância da Terra, então deveríamos ter uma idéia clara do tipo de Universo que deveríamos imaginar se ele fosse verdadeiro. Mas será que temos? Seja o espaço o que for, é certo que nossas percepções fazem com que pareça tridimensional, e não podemos conceber fronteiras para um espaço tridimensional. Pelas próprias variedades de nossas percepções, portanto, devemos sentir como se vivêssemos em algum lugar do espaço infinito, e, qualquer que seja o tamanho da Terra, naturalmente deve ser muito pequeno em comparação com o infinito. E esse espaço ilimitado deve estar vazio ou conter corpos. Se estivesse vazio, se não contivesse nada além de nosso Sol, então esse imenso vácuo certamente seria usado como argumento contra a própria existência de Deus. Por que, perguntaríamos, Ele criaria uma partícula e deixaria todo o restante do espaço vazio? Se, no entanto, descobrirmos (e na verdade o fizemos) inúmeros corpos flutuando no espaço, eles devem ser habitáveis ou não. O estranho é que *ambas* as alternativas são igualmente usadas como objeções ao Cristianismo. Se o Universo estiver repleto de vida além da nossa, então isso, dizem, torna realmente ridícula a crença de que Deus pudesse interessar-se tanto pela raça humana a ponto de "descer do Céu" e tornar-se homem para nos resgatar. E, se nosso planeta é realmente o único a conter vida orgânica, julga-se então que isso seja prova de que a vida não passa de um subproduto acidental no Universo, o que novamente refuta nossa religião. Tratamos Deus como um policial num filme trata o suspeito: o que quer que faça "será usado como evidência contra Ele". Esse tipo de objeção contra a fé cristã não se baseia de forma alguma na observação natural do Universo real. Podemos fazer isso sem esperar descobrir como ele realmente é, pois isso se ajustará a qualquer tipo de Universo que escolhamos imaginar. O médico de nosso exemplo pode diagnosticar envenenamento sem examinar o cadáver, pois irá manter sua teoria sobre o caso, *qualquer que seja* a condição em que os órgãos se encontrem.

A razão pela qual não podemos sequer imaginar um Universo construído de forma que exclua essas objeções talvez seja a seguinte: o homem é uma criatura finita com inteligência suficiente para entender que é finito. Por essa razão, por qualquer ponto de vista concebível ele se vê diminuído pela realidade como um todo. Ele é também um ser derivado: a causa de sua existência não se encontra em si mesmo (de imediato), mas em seus pais e (em última instância) no caráter da Natureza como um todo *ou* (se houver um Deus) em Deus. No entanto, deve haver algo, seja Deus, seja a totalidade da Natureza, que exista por si mesmo ou opere "por iniciativa própria" — não como o produto de causas além de si mesmo, mas simplesmente porque existe. Em face desse algo, seja o que for, o homem deve sentir que sua experiência derivada não é importante nem relevante, mas quase acidental. Não é possível os religiosos imaginarem que tudo existe por causa do homem e os cientistas descobrirem que não é assim. Quer o ser último e inexplicável — por mais simples que *seja* — venha a apresentar-se como Deus, quer como "o espetáculo completo", ele naturalmente não existe para nós. De qualquer desses pontos de vista, estamos diante de algo que já existia antes de surgir a raça humana e existirá depois que a Terra se tornar inabitável. Algo totalmente independente de nós, embora dele dependamos inteiramente, que pela imensa grandeza de seu ser não tem relevância para nossas esperanças e temores. Pois homem algum, suponho, jamais chegou à loucura de pensar que o ser humano — ou toda a criação — tenha *completado* a Mente Divina, pois se somos insignificantes em relação ao tempo e ao espaço, estes são ainda mais insignificantes para Deus. É um grande erro imaginar que o Cristianismo alguma vez teve a intenção de dissipar a confusão e mesmo o terror e a sensação de insignificância que nos envolvem quando pensamos na natureza das coisas. Ao contrário, ele existe para intensificá-lo, pois sem tal sensação não haveria religião. Muitos indivíduos, que cresceram professando uma forma superficial de Cristianismo, que se dedicam a ler astronomia para compreender, pela primeira vez, como a maior parte da realidade é extremamente indiferente para o homem, e que talvez venham a abandonar sua religião por causa disso, podem estar neste exato momento tendo sua primeira experiência genuinamente religiosa.

O Cristianismo não abrange a crença de que todas as coisas foram feitas para o homem, e sim que Deus ama o ser humano, fez-se homem e morreu a favor dele. Ainda não consegui ver como aquilo que sabemos (e temos conhecido desde os dias de Ptolomeu) a respeito do tamanho do Universo afeta a credibilidade dessa doutrina, de uma ou outra forma.

O cético pergunta como podemos crer que Deus "desceu" a este insignificante planeta. A pergunta seria embaraçosa se soubéssemos: 1) que há criaturas racionais em outros corpos que flutuam no espaço; 2) que eles, como nós, caíram e precisam de redenção; 3) que a redenção deles precisa ser feita do mesmo modo que a nossa; 4) que essa forma de redenção foi negada a eles. Nada, porém, sabemos quanto a isso. Pode ser que o Universo esteja cheio de seres felizes que nunca precisaram de redenção. Pode ser que esteja cheio de seres que foram redimidos de formas coerentes com sua condição, as quais não conseguimos conceber. Pode ser que esteja cheio de seres que foram redimidos de maneira idêntica à nossa, mas pode também estar cheio de coisas totalmente diferentes da vida que conhecemos e pelas quais Deus se interessa, embora nós não.

Se, de qualquer modo, for reafirmado que algo tão pequeno quanto a Terra é insignificante demais para merecer o amor do Criador, responderemos que cristão algum jamais supôs que o merecêssemos. Cristo não morreu pelos homens por eles serem intrinsecamente dignos dessa morte, mas porque Ele é intrinsecamente amor e, por isso, ama infinitamente. E, afinal de contas, o que o *tamanho* de um mundo ou de uma criatura nos diz sobre a "importância" ou valor que tem?

Não há dúvida de que todos nós *sentimos* a contradição em supor, por exemplo, que o planeta Terra pudesse ser mais importante que a Grande Nebulosa de Andrômeda. Ao mesmo tempo, todos temos a certeza de que só um lunático poderia pensar que um homem de 1,80 metro seja necessariamente mais importante que um de 1,50 metro, ou que um cavalo seja mais importante que um homem, ou que as pernas do homem sejam mais importantes que seu cérebro. Isto é, essa suposta relação entre tamanho e importância só é plausível quando um dos tamanhos envolvidos é muito grande, o que trairia a verdadeira base desse tipo de pensamento. Uma relação é sustentada universalmente quando percebida pela Razão. Se nossa Razão nos dissesse que o tamanho é proporcional à importância, então pequenas diferenças de tamanho seriam acompanhadas por pequenas diferenças de importância, da mesma forma que as grandes diferenças de tamanho seriam seguidas por grandes diferenças de importância. O homem de 1,80 metro teria de valer um pouco mais que o de 1,50 metro, e a perna teria de ser um pouco mais importante que o cérebro, o que todos sabem ser tolice. A conclusão é inevitável: a importância que associamos a grandes diferenças de tamanho não é um assunto da razão, mas da emoção, daquela emoção peculiar que a superioridade de tamanho começa a produzir em nós depois de determinada medida de tamanho absoluto ter sido alcançada.

Somos poetas inveterados. Quando uma quantidade é excessivamente grande, deixamos de considerá-la simples quantidade. Nossa imaginação desperta. Em lugar de mera quantidade, temos agora qualidade: o Sublime. Para isso, porém, a grandeza puramente aritmética da Galáxia não nos impressionaria mais que os números em um livro contábil. Para uma mente que não compartilha de nossas emoções e carece de nossa energia imaginativa, o argumento contra o Cristianismo com base no tamanho do Universo seria simplesmente ininteligível. É, portanto, de nós mesmos que o Universo material recebe seu poder para nos intimidar. Os homens sensíveis observam o céu à noite com espanto, mas os tolos e insensíveis não são tocados. Quando o silêncio dos espaços eternos aterrorizou Pascal, foi a grandeza do próprio Pascal que os capacitou a isso. Amedrontar-se diante da grandiosidade das nebulosas é, quase que literalmente, espantar-se com a própria sombra. Pois os anos-luz e os períodos geológicos são simplesmente aritméticos até que a sombra do homem, do poeta, do criador de mitos caia sobre eles. Como cristão, não sei se estamos errados em tremer diante dessa sombra, porque creio que ela seja a sombra de uma imagem de Deus. Entretanto, se a vastidão da Natureza um dia ameaçar sufocar nosso espírito, devemos lembrar-nos de que é apenas a Natureza espiritualizada pela imaginação humana que faz isso.

Essas idéias sugerem uma possível resposta à pergunta aventada algumas páginas atrás: por que o tamanho do Universo, conhecido há séculos, seria hoje argumento contra o Cristianismo? Será que isso aconteceu porque nos dias atuais a imaginação se tornou mais sensível à grandeza? Desse ponto de vista, o argumento do tamanho quase pode ser considerado um subproduto do Romantismo em relação à poesia. Além do aumento absoluto da vitalidade imaginativa nesse gênero, houve com certeza um declínio nos outros. Qualquer leitor de poesia antiga descobrirá que o brilho atraía o homem antigo e medieval mais do que o tamanho nos atrai. Os pensadores medievais acreditavam que as estrelas deviam ser de alguma forma superiores à Terra, porque pareciam brilhar, e a Terra, não. Já os pensadores de hoje acreditam que a Galáxia deve ser mais importante que a Terra, por ser maior. Ambos os estados de espírito podem produzir boa poesia e promover imagens mentais que despertem respeitáveis emoções — sentimentos de admiração, humildade ou contentamento. Entretanto, quando tomados como argumento filosófico sério, são ridículos. O argumento do ateu com base no tamanho é, de fato, um exemplo daquela imagem mental com a qual, como veremos mais adiante, o cristão *não* está comprometido. É a maneira particular em que a imagem mental aparece no presente século, pois o que gostamos de chamar "erros primários" não desaparecem: apenas mudam de forma.

Capítulo oito
O milagre e as leis da natureza

É coisa muito estranha —
  Tão estranha quanto possa parecer —
Tudo o que a Srta. T. come
  Em Srta. T. se transforma.

W. de la Mare

Após esclarecer objeções baseadas na noção popular e confusa de que o "progresso da ciência" de certa forma eliminou a possibilidade da ocorrência de milagres, passaremos a considerar o assunto com mais profundidade. A questão é se a Natureza pode ser considerada de tal forma que interferências sobrenaturais sejam impossíveis. Já se sabe que seu funcionamento, no geral, é regular. Ela se comporta de acordo com leis fixas, muitas das quais foram descobertas e se acham inter-relacionadas. Não há, nessa discussão, nada que se refira a mera falha ou negligência por parte da Natureza na observância dessas leis, nenhuma questão de variação casual ou espontânea.[1]

[1]Se algum campo da realidade é, de fato, casual ou irregular, então é um campo que, longe de admitir o Milagre com especial

A única questão é se, concebida a existência de um poder fora da Natureza, existiria algum paradoxo intrínseco à idéia de esse poder intervir para produzir fatos que o "funcionamento" regular de todo o sistema natural jamais teria produzido.

Três concepções sobre as "Leis" da Natureza são defendidas. 1) São simples fatos irracionais, conhecidos apenas pela observação, sem qualquer ritmo ou razão aparente. Sabemos *que* a Natureza se comporta de várias maneiras. O que não sabemos é por que faz o que faz e não vemos razão alguma que justifique por que não faz o contrário. 2) São aplicações da lei das proporções. Os Fundamentos da Natureza são aleatórios e irregulares, mas o número de unidades com que estamos lidando é tão grande que o comportamento dessas aglomerações (como o de grandes massas de pessoas) pode ser calculado com exatidão. O que chamamos "eventos impossíveis" são tão absolutamente improváveis, segundo padrões estatísticos, que não precisamos levá-los em conta. 3) As leis fundamentais da física são realmente o que chamamos "verdades necessárias", como as verdades na matemática. Em outras palavras, se entendermos claramente o que estamos dizendo, veremos que o oposto seria uma tolice sem significado. Portanto, é "lei" que quando uma bola de bilhar bate em outra, a quantidade de força cinética perdida pela primeira deve ser exatamente igual à adquirida pela segunda. As pessoas que defendem que as leis da Natureza são verdades necessárias diriam que tudo que temos feito é dividir eventos únicos ao meio (aventuras da bola A e aventuras da bola

naturalidade, emprega a palavra "Milagre" desprovida de sentido em todo esse campo [N. do A.].

B) e descobrir então que "os dois lados da conta estão equilibrados". Quando compreendemos isso, vemos que, com certeza, ambos *devem* equilibrar-se. As leis fundamentais, com o tempo, passam a ser simples declarações de que cada evento é ele mesmo, e não outro, diferente.

Fica então claro, de imediato, que a primeira dessas três teorias não nos dá garantia alguma contra os Milagres, ou de que, mesmo à parte dos Milagres, as "leis" que até agora observamos serão obedecidas amanhã. Se não temos noção alguma do motivo pelo qual algo acontece, então naturalmente não conhecemos nenhuma razão pela qual não deveria ser de outro modo e, portanto, nenhuma certeza de que algum dia possa acontecer de maneira diferente. A segunda teoria, que depende da lei das proporções, encontra-se na mesma situação. A garantia que nos dá é a mesma de que uma moeda jogada para cima mil vezes não produzirá o mesmo resultado, por exemplo, 900 vezes, lembrando também que quanto mais vezes você a atira, mais provável é que o número de Caras e Coroas venha a se igualar. Mas isso apenas será assim se a moeda for genuína. Caso seja uma moeda viciada, nossa expectativa pode ser frustrada. As pessoas que acreditam em milagres, por sua vez, estão afirmando precisamente que a moeda *está* viciada. As expectativas baseadas na lei das proporções funcionarão apenas em relação à Natureza *não manipulada*. E a pergunta sobre a possível existência de milagres equivale a perguntar se a Natureza foi alguma vez manipulada.

O terceiro ponto de vista (de que as leis da Natureza são verdades necessárias) parece à primeira vista apresentar um obstáculo insuperável ao milagre. Dividi-lo seria, nesse caso, uma incoerência interna; nem mesmo a Onipotência pode fazer aquilo que é contraditório a si mesmo. Conseqüentemente, as leis não podem ser transgredidas. Podemos concluir, então, que nenhum milagre pode ocorrer?

Fomos rápidos demais. É certo que as bolas de bilhar se comportarão de certa maneira, assim como é certo que se dividirmos um *shilling*[2] desigualmente entre dois recipientes, a porção de A ficará acima da metade, e a de B, abaixo exatamente pela mesma quantidade. Desde que, naturalmente, A não roube por meio de um truque algumas das moedas de B no exato momento da transação. Da mesma forma, você sabe o que acontecerá com as duas bolas de bilhar, desde que nada interfira. Se uma das bolas desliza sobre uma irregularidade no tecido da mesa e a bola paralela não, então o movimento delas não demonstrará a lei como se espera. Naturalmente, a conseqüência provocada pela irregularidade no tecido demonstrará a lei de alguma outra maneira, mas a previsão original se mostrará falsa. Ou então, se alguém pegar um taco e der uma pequena ajuda para a bola, teremos um terceiro resultado, o qual demonstrará igualmente as leis da física e outra vez fará com que a previsão original feita seja falsa. "A experiência terá sido frustrada". Todas as interferências mantêm a lei perfeitamente verdadeira. Cada previsão, porém, do que acontecerá em determinada circunstância se faz sob a condição de quc "em geral acontece assim, mas outras coisas podem mudar o resultado" ou "caso não haja interferências". Se as outras coisas *são iguais*

[2]Moeda que, até fevereiro de 1971, representava a vigésima parte da libra esterlina [N. do E.].

em determinada circunstância e se pode haver alguma interferência, é outro assunto. O matemático, como tal, não sabe qual a probabilidade de A roubar alguns centavos de B no momento em que o *shilling* estiver sendo dividido: seria melhor perguntar a um criminalista. O físico, como físico, não sabe qual a probabilidade de eu pegar um taco e "frustrar" sua experiência com as bolas de bilhar: seria melhor perguntar a alguém que *me* conheça. Da mesma forma, o físico não sabe qual a probabilidade de algum poder sobrenatural interferir nelas: seria melhor perguntar a um metafísico. No entanto o físico sabe, exatamente por ser um físico que, se as bolas de bilhar forem adulteradas por algum agente, natural ou sobrenatural, algo que ele não tenha considerado, então é provável que o comportamento delas seja diferente do que esperava. Não porque a lei seja falsa, mas por ser verdadeira. Quanto mais temos certeza da lei, mais claramente saberemos que, se novos fatores forem introduzidos, o resultado sofrerá variações de acordo com eles. O que não sabemos, como físicos, é se um poder sobrenatural poderia ser um desses novos fatores.

Caso as leis da Natureza sejam verdades necessárias, milagre algum poderá anulá-las. Contudo também milagre algum precisa anulá-las, pois acontece com elas o mesmo que ocorre com as leis aritméticas. Se coloco seis centavos em uma gaveta na segunda-feira e mais seis na terça, a lei determina que — *em geral acontece assim, mas outras coisas podem mudar o resultado* — vou encontrar ali 12 centavos na quarta-feira. Se a gaveta, porém, for arrombada é possível que eu encontre apenas dois centavos. Algo terá sofrido alteração (a fechadura da gaveta ou as leis do país), mas as leis da aritmética não se alterarão. A nova situação criada pelo ladrão demonstrará tão bem as leis da aritmética quanto a situação original. Entretanto, se Deus vem operar milagres, Ele vem "como ladrão à noite". O milagre é, da perspectiva do cientista, uma forma de manipular, adulterar ou (se preferir) trapacear. O milagre introduz um fator novo à situação: a força sobrenatural, com a qual o cientista não contava. Ele calcula o que acontecerá ou o que deve ter acontecido no passado, acreditando que a situação, naquele ponto do espaço e do tempo, seja ou tenha sido A. Todavia, se uma força sobrenatural foi acrescentada, então a situação, de fato, é ou foi AB. E ninguém sabe melhor que o próprio cientista que AB *não pode* produzir o mesmo resultado que A. A verdade necessária das leis, longe de tornar impossível a ocorrência dos milagres, assegura que eles podem ocorrer se o sobrenatural estiver operando. Porque se a situação natural por si mesma e a situação natural *mais* alguma coisa produzissem apenas o mesmo resultado, seria então o caso de termos de enfrentar um Universo sem leis e não sistemático. Quanto mais se sabe que dois mais dois são quatro, mais se sabe que dois mais três não dão o mesmo resultado.

Isso talvez nos ajude a tornar um pouco mais claro o que são realmente as leis da Natureza, pois temos o hábito de falar como se elas provocassem tudo que acontece. Elas, porém, jamais causaram qualquer acontecimento. As leis do movimento não movem as bolas de bilhar: elas analisam o movimento depois que alguma outra coisa (por exemplo, um homem com um taco, o balanço do navio ou talvez o poder sobrenatural) o tiver produzido. Elas não produzem acontecimentos, mas estabelecem o padrão com o qual cada evento, caso seja induzido a acontecer, deve conformar-se, assim como as regras aritméticas determinam o padrão a que todas as transações monetárias devem sujeitar-se, caso se tenha algum dinheiro. Em um sentido, portanto, as leis da Natureza abrangem todo o campo espacial e temporal. Em outro, o que deixam de fora é precisamente o Universo real inteiro — a corrente incessante de eventos reais que compõe a verdadeira história. Isso precisa vir de outro lugar. Pensar que as leis podem causar isso é o mesmo que pensar ser possível produzir dinheiro simplesmente fazendo somas. Pois toda lei, em última instância, diz: "Se você tem A, então obterá B", mas primeiro obtenha seu A, porque as leis não o obterão por você.

É, portanto, incorreto definir um milagre como algo que quebra as leis da Natureza. Não quebra. Se bato o cachimbo, altero a posição de inúmeros átomos, mas com o passar do tempo e em grau infinitesimal, todos os átomos serão afetados. A Natureza digere ou assimila esse acontecimento com a mais perfeita facilidade e num abrir e fechar de olhos o harmoniza com os demais acontecimentos. Trata-se de um pouco mais de matéria-prima na qual aplicar as leis, e elas se aplicam. Eu simplesmente inseri um acontecimento na corrente geral de acontecimentos, e ele se enquadra ali perfeitamente e adapta-se a todos os outros. Se Deus aniquilar, criar ou desviar uma unidade de matéria, então terá criado uma nova situação naquele ponto. Imediatamente, toda a Natureza acomoda-se a essa nova situação, faz que se ambiente em sua nova esfera de atividade e adapta todos os demais acontecimentos a ela, deixando-a em conformidade com todas as leis. Se Deus criar um espermatozóide milagroso no corpo de uma virgem, isso não quebrará lei alguma. As leis imediatamente assumem o controle da situação. A Natureza está preparada. A gravidez prossegue de acordo com todas as leis regulares, e nove meses depois nasce uma criança. Vemos diariamente que a Natureza física não é perturbada de modo algum pelo influxo diário de acontecimentos provenientes da natureza biológica ou psicológica. Ora, se os eventos sempre surgem de fora da Natureza, então ela não será mais perturbada por eles. Na verdade, ela rapidamente alcançará o ponto de invasão, assim como os agentes de defesa se apressam rumo ao local em nosso dedo que sofreu corte, e ali se apressa em ajudar o recém-chegado. No momento em que penetra o reino da Natureza, passa a obedecer a todas as suas leis. O vinho milagroso embriagará, a concepção milagrosa levará à gravidez, livros inspirados estarão sujeitos a todos os processos comuns de adulteração textual e o pão milagroso será digerido. A arte divina do milagre não é uma arte de suspensão do padrão a que os eventos obedecem, mas a de canalizar novos acontecimentos nesse padrão. Ela não transgride a premissa da lei: "Se A, então será B", mas diz: "Desta vez, em lugar de A, será A_2". E a Natureza, expressando-se por meio de todas as suas leis, replica: "Então teremos B_2", e naturaliza o imigrante, algo que sabe fazer muito bem, pois ela é uma anfitriã assumida.

Um milagre não é, de forma alguma, um acontecimento sem uma causa ou sem resultados: sua causa é a atividade de Deus, e seus resultados seguem de acordo com a lei natural. No decorrer do curso (isto é, no período que se segue à sua ocorrência), ele se interliga com toda a Natureza, exatamente como todos os demais eventos. Sua peculiaridade é que não se interliga à forma anterior, ligado à história anterior da

Natureza. É exatamente isso que algumas pessoas consideram intolerável. A razão de pensarem assim é que partem do princípio de que a Natureza representa toda a realidade, e estão certas de que toda a realidade deve estar inter-relacionada e ser harmônica. Concordo com elas, mas penso que confundiram um sistema parcial dentro da realidade, a saber, a Natureza como um todo. Desse modo, é provável que o milagre e a história anterior da Natureza sejam interligados, depois de tudo, mas não como os Naturalistas esperam, e sim de uma forma muito mais indireta. O grande e complexo acontecimento chamado Natureza e o acontecimento novo e particular inserido nela pelo milagre acham-se relacionados pela sua origem comum em Deus, e, sem dúvida, se soubéssemos o suficiente, relacionados de modo mais complexo aos seus propósitos e desígnios. Assim, uma Natureza que tivesse uma história diferente, e portanto, sendo também uma Natureza diferente, teria sido invadida por milagres diferentes ou simplesmente por nenhum milagre. Assim, tanto os milagres quanto o curso anterior da Natureza achamse igualmente interligados como quaisquer outras duas realidades, mas seria preciso retroceder, tanto quanto seu Criador comum, a fim de encontrar o ponto de interligação, pois ele não será encontrado *dentro* da Natureza. Esse tipo de coisa acontece com qualquer sistema parcial. O comportamento dos peixes que estão sendo estudados em cativeiro torna o sistema relativamente fechado. Suponhamos, porém, que o tanque onde se encontram fosse abalado por uma bomba nas imediações do laboratório. O comportamento dos peixes não poderia mais ser explicado por aquilo que acontecia no tanque antes de a bomba cair, pois houve uma falha na interligação anterior. Todavia isso não significa que a bomba e a história anterior dos acontecimentos dentro do tanque estejam total e irremediavelmente desconectadas, e sim que, para encontrar a relação entre eles, será preciso voltar a uma realidade muito mais ampla, que inclui tanto o tanque quanto a bomba — a realidade da Inglaterra no tempo da Guerra: as bombas estão caindo, mas alguns laboratórios continuam em atividade. Essa relação jamais seria encontrada na história do tanque. O milagre, da mesma forma, não se acha *naturalmente* associado na direção retroativa. Para descobrir como ele se acha interligado com a história anterior da Natureza, é preciso substituir tanto esta quanto o milagre em um contexto mais amplo: tudo *está* ligado com tudo o mais. Nem todas as coisas, porém, estão ligadas pelos caminhos curtos e diretos que esperávamos.

A exigência justa de que toda realidade seja harmônica e sistemática não exclui, portanto, os milagres, mas tem uma contribuição muito valiosa na formação de nosso conceito sobre eles. Ela nos lembra que milagres, se é que ocorrem, devem ser, como os demais acontecimentos, revelações dessa harmonia total de tudo que existe. Nada arbitrário, nada simplesmente "determinado" e em desacordo com a estrutura da realidade total pode ser admitido. Por definição, milagres devem, de fato, interromper o curso habitual da Natureza, mas se forem reais devem, justamente por meio desse ato, confirmar ainda mais profundamente a unidade e a harmonia intrínseca da realidade total. Não serão como aglomerados de palavras sem métrica interrompendo a unidade de um poema: serão justamente aquela audácia métrica apoteótica que, embora sem paralelo com qualquer outro ponto do poema e, mesmo vindo de onde vem e causando o efeito que causa, é (para os entendidos) a revelação suprema da unidade na concepção do poeta. Se o que chamamos Natureza é modificado pelo sobrenatural, então podemos estar certos de que a capacidade de sofrer modificações faz parte da essência da Natureza; que os eventos totais, se pudéssemos entendê-los, confirmariam, pelo próprio caráter, a possibilidade de tais modificações. Se a Natureza produz milagres, essa produção, quando impregnada pela força viril além dela, será tão "natural" quanto o é para a mulher dar filhos ao homem. E, ao chamar isso milagres, não queremos dizer que sejam contradições ou abusos; significa que, fadada a suas próprias condições, jamais poderia produzi-los.

Capítulo nove
Um capítulo quase desnecessário

> Vimos também os gigantes, os descendentes de Enaque, diante de quem parecíamos gafanhotos, a nós e a eles.
>
> Números 13.33

Os dois capítulos anteriores ocuparam-se com as objeções ao Milagre feitas, por assim dizer, do ponto de vista da Natureza, no sentido de que esta é um tipo de sistema que não os admitiria. O passo seguinte, caso seguíssemos uma ordem rigorosa, seria considerar as objeções do ângulo oposto — na verdade, investigar se o que está fora do alcance da Natureza poderia, de forma aceitável, apresentar-se como um ser capaz de operar milagres. Sinto-me, contudo, fortemente disposto a enfrentar primeiro outro tipo de objeção. Trata-se de algo puramente emocional, e os leitores mais rigorosos poderão pular este capítulo. Sei, contudo, que em determinada época de minha vida esse assunto me preocupou grandemente, e pessoas que passaram pela mesma experiência talvez se interessem em lê-lo.

Uma das coisas que me afastou do Sobrenaturalismo foi uma profunda repulsa ao conceito de Natureza que, segundo eu pensava, essa corrente impunha. Eu desejava ardentemente que a Natureza pudesse existir "por si mesma". A teoria de que ela havia sido criada e podia ser alterada por Deus parecia tirar-lhe toda aquela espontaneidade que eu considerava tão renovadora. Para respirar livremente, eu queria sentir que na Natureza iríamos finalmente alcançar aquilo que simplesmente *existia* (por si só): a idéia de que havia sido produzida ou "colocada ali" com um propósito era sufocante. Escrevi na época um poema sobre o nascer do sol, no qual, após descrever a cena, acrescentei que algumas pessoas gostavam de acreditar que havia um Espírito por trás de tudo e que esse Espírito se comunicava com elas. No entanto, pensei, isso era justamente o que eu não queria. O poema não era muito bom e já me esqueci da maior parte, mas terminava dizendo o quanto eu preferia...

> Que por iniciativa própria a terra e o céu
> Seguissem sua dança eterna,
> Para seu próprio deleite — e ali rastejava eu
> Tentando observar o mundo, por acaso.

"*Por acaso!*" — Era impossível suportar a idéia de que o nascer do sol pudesse ter sido de qualquer forma "arranjado" ou que tivesse algo que ver com alguém. Descobrir que não tinha simplesmente acontecido, mas que de certa maneira fora inventado, era tão ruim quanto descobrir que o rato selvagem que vi próximo a uma cerca viva abandonada fosse, na verdade, um brinquedo de corda ali colocado para me divertir ou (pior ainda) para me dar alguma lição de moral.

O poeta grego pergunta: "Se a água colar em sua garganta, o que vai tomar para fazê-la descer?". Eu, da mesma forma, perguntei: "Se a própria Natureza se mostrar artificial, onde iremos procurar a selva?". Onde se encontra o verdadeiro "lado de fora"? Descobrir que todas as florestas e os pequenos ribeiros entre elas, que os cantos arredondados dos vales montanhosos, o vento e a grama não passavam de uma espécie de *cenário*, somente um fundo para algum tipo de peça, e que essa peça talvez apresentasse uma determinada forma de moral — que prosaico, que debilidade, que tédio insuportável!

A cura desse sentimento começou há alguns anos, porém devo dizer que ela não se completou até que comecei a estudar a questão dos Milagres. A cada estágio do preparo deste livro, percebo que meu conceito de Natureza se torna cada vez mais vívido e mais concreto. Meu objetivo inicial era reduzir a posição da Natureza e minar suas muralhas a cada passo. O resultado paradoxal é uma sensação cada vez maior de que, se eu não tomar o máximo cuidado, ela se transformará na heroína deste livro. Ela nunca me pareceu tão grandiosa e tão verdadeira como neste momento.

E o motivo não está longe. Contanto que alguém seja Naturalista , a "Natureza" é apenas uma palavra para "tudo", e tudo não é um assunto sobre o qual possa ser dito algo muito interessante nem mesmo sentido (salvo por engano). Um aspecto dos fatos nos chama a atenção e falamos da "paz" da Natureza; outro se destaca, e mencionamos sua crueldade. Então, em vista de a tomarmos falsamente como Fato último e auto-existente, sem poder reprimir nosso elevado instinto de adorar o Auto-existente, ficamos todos confusos, e nossos sentimentos flutuam, vindo a Natureza a significar o que quer que nos agrade, à medida que os sentimentos fazem a seleção e são desconsiderados. Tudo, porém, fica diferente quando reconhecemos que a Natureza é uma *criatura*, uma coisa criada, com seu particular cheiro ou sabor. Não há mais necessidade de selecionar e desprezar. Não é na Natureza, mas em Algo muito além dela que todas as linhas se encontram e todos os contrastes se explicam. Não mais nos surpreende que a criatura chamada Natureza possa ser tanto mais justa quanto mais cruel que o primeiro homem que encontramos no trem possa ser ao mesmo tempo um comerciante desonesto e um marido bondoso. Pois ela não é o Absoluto: é uma das criaturas, com características positivas e características negativas — e com a fragrância própria e inconfundível que perpassa todos eles.

Dizer que Deus a criou não é afirmar que ela é irreal, mas justamente o contrário. Você diria que Deus é menos criativo que Shakespeare ou Charles Dickens? O que Ele cria é criado por completo, muito mais concreto que Falstaff ou Sam Weller. Os teólogos certamente nos dirão que Ele criou a Natureza espontaneamente, querendo dizer que não foi forçado a criá-la por alguma necessidade externa. Não devemos, porém, interpretar essa liberdade de forma negativa, como se a Natureza fosse mera estruturação de partes arbitrariamente interligadas. A liberdade criativa de Deus deve ser concebida de modo semelhante à do poeta: liberdade de criar algo coerente, concreto, com sabor próprio e inimitável. Shakespeare, por exemplo, não precisava criar sua personagem Falstaff mas, como a criou, ela *deve* ser gorda. Deus não precisava criar esta Natureza. Ele poderia ter criado outras, e deve mesmo tê-lo feito. Todavia concedeu existência a *esta* Natureza, então não há dúvida de que a menor parte dela existe para expressar o caráter que Ele escolheu lhe dar. Seria um erro infeliz supor que as dimensões de espaço e de tempo, a morte e o renascimento da vegetação, a unidade na multiplicidade de organismos, a união na oposição de sexos e a cor de cada maçã no outono fossem simplesmente um aglomerado de invenções úteis associadas de modo artificial. Eles são o próprio idioma, quase a expressão facial, o cheiro ou o gosto de cada coisa. A *qualidade* da Natureza está presente em todos eles, assim como a latinidade do latim está presente em cada inflexão ou a "corregiosidade" do pintor italiano Correggio em cada traço de seu pincel.

A Natureza é, pelos padrões humanos (e provavelmente pelos Divinos), parcialmente boa e parcialmente má. Nós, cristãos, acreditamos que ela foi corrompida. Entretanto, o mesmo cheiro ou sabor penetra tanto suas corrupções quanto suas excelências. Tudo está de acordo com a personagem: Falstaff não peca da mesma forma que Otelo. A queda de Otelo está intimamente ligada às suas virtudes e se Perdita tivesse caído, não teria sido má do mesmo modo que Lady Macbeth, e se esta tivesse permanecido boa, sua bondade seria muito diferente daquela expressa por Perdita. Os males que vemos na Natureza são, por assim dizer, males próprios *desta* Natureza. Seu próprio caráter determinou que, se ela se corrompesse, sua corrupção tomaria essa forma, e não outra. Os horrores do parasitismo e as glórias da maternidade são o bem e o mal que têm como base os mesmos temas ou conceitos.

Há pouco, comentei sobre a latinidade do latim, que é mais evidente para nós do que pode ter sido para os romanos. O anglicismo do inglês só é percebido por aqueles que conhecem outra língua. Da mesma maneira e pela mesma razão, somente os Sobrenaturalistas vêem, de fato, a Natureza. É preciso afastar-se um pouco dela, depois voltar e olhar para trás. Só então o verdadeiro cenário, finalmente, se torna visível. É preciso experimentar, mesmo que brevemente, a água pura de outro mundo antes de tomar consciência do sabor indescritível da corrente morna e salina da Natureza. Tratá-la como se fosse Deus ou como Tudo é perder toda a sua essência e prazer. Saia, olhe para trás e então verá... essa surpreendente cachoeira de ursos, filhotes e bananas; esse imenso dilúvio de átomos, orquídeas, laranjas, caranguejos, canários, pulgas, gases, tornados e sapos. Como pudemos pensar que essa era a realidade suprema? Como nunca pensamos que se tratava simplesmente de um cenário para o drama moral de homens e mulheres? A Natureza continua sendo ela mesma, e não lhe ofereça adoração nem desprezo, mas vá ao seu encontro e a conheça. Se somos imortais e se ela está condenada (como dizem os cientistas) a deteriorar-se e morrer, vamos sentir falta dessa criatura meio tímida e meio ousada, esse bicho-papão), essa fada travessa e incorrigível, essa feiticeira muda. Os teólogos, porém, afirmam que ela, como nós, será redimida. A "vaidade" a que a submeteram foi sua desgraça, e não sua essência. Ela será curada de acordo com sua característica: não domesticada (Deus nos livre!) nem esterilizada. Ainda seremos capazes de reconhecer nossa velha inimiga, amiga, companheira e mãe adotiva, tão aperfeiçoada a ponto de ser não menos, e sim mais do que ela mesma. Esse será um encontro jubiloso.

Capítulo dez
"Coisas vermelhas nojentas"

> Podemos evocar a tentativa de refutar o teísmo pela exposição da continuidade da crença em Deus com uma ilusão milenar de método de intimidação antropológica.
>
> Edwyn Bevan, *Symbolism and Belief*

Já argumentei que não é possível encontrar, pelo estudo da Natureza, nenhuma certeza contra a existência de milagres. Ela não é o conjunto da realidade, mas apenas parte dela e, por tudo que sabemos, deve ser a menor parte. Se aquilo que se encontra fora dela desejar penetrá-la, até onde sabemos, ela não tem defesa. E muitos dos que não acreditam em Milagres admitiriam isso, pois suas objeções vêm de outro lado: o Sobrenatural não a penetraria. Eles acusam os que pensam diferente de adotar uma noção infantil e indigna do que seja o Sobrenatural. Rejeitam, por isso, todas as formas de Sobrenaturalismo que afirmem existir tal interferência e invasões — especialmente a forma chamada Cristianismo, pois nela os Milagres, ou pelo menos alguns milagres, estão mais intimamente ligados com o tecido de toda a crença que em qualquer outra. Toda a essência do Hinduísmo, penso eu, permaneceria inalterada se você subtraísse o milagroso. O mesmo também é quase verdade quanto ao Islamismo. Todavia não se pode fazer isso com o Cristianismo, que é precisamente a história de um grande Milagre. Um Cristianismo naturalista deixaria de lado tudo que é especificamente cristão.

Os obstáculos do incrédulo não começam com questionamentos sobre este ou aquele milagre em particular, e sim muito antes. Quando alguém que teve apenas uma educação nos moldes atuais examina uma declaração legítima da doutrina cristã, ele depara com algo que lhe parece uma imagem totalmente "selvagem" ou "primeva" do Universo. Então descobre que Deus supostamente teria tido um "Filho", como se fosse uma divindade mitológica à semelhança de Júpiter ou Odin. Descobre também que esse "Filho" supostamente "desceu do Céu", como se Deus tivesse um palácio ali, de onde enviou Seu "Filho" como um pára-quedista. É informado, por fim, que esse "Filho", também supostamente, "desceu ao Inferno", uma espécie de terra dos mortos sob a superfície de uma Terra (presumivelmente) plana e "ascendeu" desse lugar outra vez, como por um balão, até o palácio celestial do Pai, onde finalmente se sentou numa cadeira adornada, à direita do Pai. Tudo parece pressupor uma concepção de realidade à qual o aperfeiçoamento de nosso conhecimento tem prontamente recusado nos últimos dois mil anos e à qual nenhum homem honesto e de bom senso poderia retomar hoje.

Essa é a impressão que explica o desprezo e até mesmo a aversão de muitas pessoas aos escritos dos cristãos de nossos dias. Quando alguém se convence de que o Cristianismo, via de regra, implica um "Céu" local, uma Terra plana e um Deus que pode ter filhos, ele ouve naturalmente com impaciência nossas propostas para dificuldades específicas e nossas defesas contra objeções particulares. Quanto mais bem planejadas nossas propostas e defesas, mais perversos parecemos para ele. "Naturalmente", diz ele, "uma vez que as doutrinas existam, pessoas inteligentes podem inventar argumentos inteligentes para defendê-las, do mesmo modo que, quando um historiador comete um erro, ele pode continuar inventando teorias cada vez mais elaboradas para disfarçar esse erro. O ponto básico, porém, é que nenhuma dessas teorias elaboradas teria sido pensada se ele antes tivesse lido os documentos referentes a ela. Assim, não fica claro que a teologia cristã jamais existiria se os autores do Novo Testamento tivessem tido a mínima noção de como era realmente o Universo?". Era exatamente assim que eu pensava. O mesmo homem que me ensinou a pensar — um satírico e inflexível ateu (ex-presbiteriano) que se encantou pelo *O ramo de ouro*[1] [*Golden Bough*] e encheu sua casa com os produtos da imprensa racionalista — tinha as mesmas idéias. Ele era honesto como a luz do dia, e eu aqui reconheço, de boa vontade, minha imensa dívida para com ele. Sua atitude em relação ao Cristianismo foi para mim o ponto de partida para um pensamento amadurecido. Pode-se dizer que ele as gerou em mim. Desde aquela época, no entanto, passei a considerar essa atitude um grande mal-entendido.

[1]Obra de James George FRAZER (primeira edição: 1890) que estabelece uma abordagem relativista e científica para o estudo da magia, do mito, da metáfora e do poder [N. do T.].

Ao recordar, como faço agora, a atitude do cético impaciente, percebo perfeitamente como ele se prevenia contra tudo que poderei dizer até o fim deste capítulo. "Sei exatamente o que esse homem irá fazer", murmura ele. "Ele tentará explicar todas essas declarações mitológicas. Essa é invariavelmente a prática dos cristãos. Em qualquer assunto sobre o qual a ciência não tenha ainda se manifestado e que não possa ser verificado, contar-nos-ão um absurdo conto de fadas. E então, no momento em que a ciência fizer um novo avanço e mostrar (como invariavelmente acontece) que as declarações deles são falsas, mudarão de opinião imediatamente, explicando que não queriam dizer o que disseram, que estavam usando uma metáfora poética ou construindo uma alegoria e que pretendiam apenas abordar algumas trivialidades morais inofensivas. Estamos fartos dessas trapaças teológicas!" Atualmente, solidarizo-me com essa doença e admito, com sinceridade, que o Cristianismo "moderno" tem jogado constantemente o mesmo jogo de que o cético impaciente o acusa. No entanto, penso também que existe uma espécie de explicação que não implica justificativa ou satisfação. Em um sentido, vou fazer exatamente aquilo que o cético pensa que farei, isto é, distinguir entre o que considero o "núcleo" ou "significado real" das doutrinas e o que julgo não-essencial em sua expressão e até mesmo passível de ser alterado sem dano algum. O que irá se separar do "significado real" em meu tratamento *não* será exatamente o milagroso, pois este é o próprio núcleo, desnudado, tão livre quanto possível de elementos secundários, que continua para mim inteiramente milagroso, sobrenatural — ou, se preferirem, "primevo" e até mesmo "mágico".

Para poder explicar isso, devo agora tocar num assunto cuja importância está distante de nosso presente propósito, mas que deve ser dominado o mais rápido possível por aquele que deseja pensar com clareza. Deve-se começar a leitura por *Poetic Diction* [Dicção poética], de Owen Barfield, e *Symbolism and Belief* [Crença e simbolismo], de Edwyn Bevan. Para a presente discussão, porém, devemos deixar de lado os problemas mais profundos e prosseguir de maneira mais "popular" e menos ambiciosa.

Quando penso em Londres, quase sempre concebo a imagem mental da Estação Euston. Entretanto, quando penso (como faço) que Londres possui milhares de habitantes, não quero dizer que existam milhares de imagens de pessoas em minha concepção mental da Estação Euston. Nem significa que milhares de pessoas reais vivam na própria Estação Euston. De fato, embora tenha essa imagem ao pensar em Londres, o que penso ou digo não é *sobre* a imagem, pois isso seria uma tolice. Isso faz sentido, porque não se trata de minhas imagens mentais, mas da Londres real, fora de minha imaginação, da qual ninguém pode ter uma imagem mental adequada. Ou se dissermos que o Sol está a uma distância de cerca de 145 milhões de quilômetros da Terra, compreendemos perfeitamente o significado desse número. Podemos dividi-lo e multiplicá-lo por outros números e calcular quanto tempo levaria para percorrer essa distância numa velocidade específica. Esse *raciocínio* claro, porém, é acompanhado pela *imaginação*, a qual é ridiculamente falsa em relação ao que sabemos que deve ser a realidade.

Então, pensar é uma coisa, e imaginar é outra. O que pensamos ou dizemos pode ser — e geralmente é — muito diferente daquilo que imaginamos ou concebemos. O que queremos dizer pode ser verdadeiro, porém as imagens mentais que acompanham nossa idéia podem ser completamente falsas. É de fato duvidoso que alguém, exceto um extremo visionário que seja também um artista experiente, tenha imagens mentais particularmente semelhantes às coisas em que esteja pensando.

Nesses exemplos, a imagem mental não é apenas diferente da realidade, mas também conhecida por ser diferente, pelo menos após um momento de reflexão (Sei que Londres não se restringe a Estação Euston.). Vamos agora tomar uma direção um tanto diversa. Certa vez, ouvi uma senhora dizendo à filha pequena que se alguém tomasse muitos comprimidos de aspirina com certeza morreria.

— Por quê? — perguntou a menina. — Ela não é venenosa.

— E como você sabe que não é venenosa? — quis saber a mãe.

— Porque quando você esmaga uma aspirina não encontra dentro dela aquelas Coisas Vermelhas Nojentas — respondeu a filha.

Certamente, ao pensar em veneno a menina tinha a imagem mental de Coisas Vermelhas Nojentas, da mesma forma que eu tenho uma imagem de Euston quando penso em Londres. A diferença é que sei que minha imagem difere bastante da Londres real, enquanto a menina pensava que o veneno fosse *realmente vermelho*. Aí estava seu erro, o que não significa que tudo que ela pensava e dizia sobre veneno fosse necessariamente sem sentido, pois ela sabia perfeitamente que o veneno representava algo capaz de matá-la ou fazê-la adoecer, caso o engolisse. Conhecia também, até certo ponto, as substâncias em sua casa que continham veneno. Se um visitante fosse advertido pela menina: "Não beba isso, mamãe disse que é veneno", ele seria imprudente se negligenciasse o conselho, com base no argumento: "Esta criança tem uma idéia antigo de veneno como Coisas Vermelhas Nojentas, que meu conhecimento científico adulto há muito refutou".

Podemos acrescentar agora à nossa declaração anterior (de que o raciocínio pode estar certo, embora as imagens que o acompanham sejam falsas) a seguinte afirmação: o raciocínio pode estar correto em determinados pontos de vista, quando acompanhado não só por falsas imagens, mas também por falsas imagens confundidas como verdadeiras.

Existe ainda uma terceira situação a ser discutida. Nos exemplos anteriores, preocupamo-nos com o pensamento e a imaginação, mas não com a linguagem verbal. Precisei visualizar a Estação Euston, mas não *mencioná*-la; a criança pensava que veneno fosse Coisas Vermelhas Nojentas, mas podia falar dele sem dizer isso. Muitas vezes, quando falamos de algo não perceptível pelos cinco sentidos, usamos palavras que, em um de seus significados, se referem a coisas ou atos que as identificam. Quando alguém diz que pegou a idéia, está usando um verbo ("agarrar"/ "pegar") que significa literalmente "pegar algo com as mãos", mas certamente não está pensando que a mente possua mãos nem que um argumento possa ser manuseado como uma arma. Para evitar o termo "agarrar", ele pode mudar a forma de expressão e dizer: "Entendi seu ponto de vista", o que não significa que um ângulo agudo apareceu em seu campo visual. Ele pode ainda fazer uma terceira tentativa: "Estou acompanhando você", sem indicar com isso que esteja andando atrás da pessoa numa estrada. Todos estão familiarizados com esse fenômeno lingüístico, que os gramáticos chamam metáfora. É um grave erro, porém, pensar que a metáfora seja algo opcional que poetas e oradores inserem em suas obras como adorno e que os falantes comuns possam deixá-la de lado. A verdade é que, se vamos falar sobre coisas que não são percebidas pelos sentidos, somos forçados a usar a linguagem figurada. Os livros de psicologia, de economia ou de política fazem uso da metáfora tanto quanto os de poesia ou os devocionais. Como todo filólogo sabe, não existe outro meio de se expressar. Quem quiser pode saciar sua curiosidade sobre o assunto lendo os livros que mencionei há pouco, além de outros aos quais os dois indicados remeterão o leitor. É um estudo para a vida inteira e devo contentar-me aqui com a simples declaração do fato: todo discurso sobre o que está acima dos sentidos[2] é — e deve ser — metafórico no mais alto grau.

Temos agora três princípios guias diante de nós: 1) que o pensamento é diferente da imaginação que o acompanha; 2) que o pensamento pode estar certo em sua maior parte, mesmo quando as imagens falsas que o acompanham são tidas como verdadeiras pelo pensador; 3) que alguém que fale sobre coisas que não podem ser vistas, tocadas, ouvidas, e assim por diante, deve inevitavelmente falar *como se elas pudessem ser* vistas, tocadas ou ouvidas. (Isto é, devem falar de "complexos" e "repressão" *como se* os desejos pudessem ser realmente atados em feixes e colocados nas costas; falar de

[2]No original, *supersensibles* [N. do E.].

"crescimento" e "desenvolvimento" *como se* as instituições pudessem realmente crescer como árvores ou abrir-se como flores; falar de energia "liberada" *como se* fosse um animal que se deixou escapar da jaula).

Apliquemos agora o que acabamos de ver aos termos "selvagens" ou "primeva" do credo cristão. Vamos admitir, antes de tudo, que muitos cristãos (embora nem todos), quando fazem essas declarações, têm em mente as mesmas imagens mentais simplistas que tanto horrorizaram os céticos. Quando afirmam que Cristo "desceu do Céu", eles têm uma vaga imagem de algo sendo atirado ou flutuando do céu para baixo; quando dizem que Cristo é o "Filho" do "Pai", pode ser que tenham a idéia de duas figuras humanas, uma parecendo bem mais velha que a outra. Entretanto, sabemos agora que a simples presença dessas imagens mentais não nos diz nada, por si mesma, sobre a racionalidade ou sobre o absurdo dos pensamentos que as acompanham, pois se imagens absurdas significassem pensamentos absurdos, todos nós estaríamos pensando absurdos o tempo todo. Além disso, os próprios cristãos deixam claro que as imagens não devem ser identificadas com aquilo em que acreditam. Podem imaginar o Pai, em forma humana, mas também sustentam que Ele não tem corpo. Podem imaginá-lo mais velho que o Filho, mas também sustentam que um não existiu antes do outro, tendo ambos existido por toda a eternidade. Estou falando, naturalmente, de cristãos adultos. O Cristianismo não deve ser julgado pelas fantasias infantis, assim como a medicina não pode ser julgada pelas idéias da menininha que acreditava em coisas vermelhas nojentas.

Nesse ponto, devo passar a tratar sobre uma ilusão muito simplista. Quando ressaltamos que aquilo que os cristãos querem dizer não deve ser identificado com suas imagens mentais, alguns retrucam: "Nesse caso, não seria melhor abrir mão das imagens mentais e da linguagem que as sugere de uma vez por todas?". Mas isso é impossível! Quem sugere tal coisa não percebe que no momento em que tenta se desvencilhar das imagens humanas, também chamadas "antropomórficas", simplesmente as substitui por imagens de outro tipo. "Não creio em um Deus pessoal", alguém diz, "mas creio em uma grande força espiritual". O que ele não percebeu é que a palavra "força" deu lugar a toda sorte de imagens sobre ventos, marés, eletricidade e gravitação. "Não creio em um Deus pessoal", diz outro, "mas creio que somos todos parte de um Ser imenso que se move e opera por meio de todos nós", sem notar que simplesmente substituiu a imagem de um homem de aparência paternal e soberana por outra de um gás ou fluido amplamente expandido. Uma moça que conheci foi educada por pais "de alto intelecto" que consideravam Deus uma "substância" perfeita. Mais tarde, ela percebeu que isso a levou a pensar nele como um enorme pudim de tapioca[3] (e, para piorar as coisas, ela detestava tapioca). Podemos pensar que estamos longe desse grau de absurdo, mas não estamos. Se alguém analisar a própria mente, acredito que descobrirá que as concepções especialmente avançadas ou filosóficas sobre o Deus que professa estão, em seu pensamento, sempre acompanhados de imagens vagas que, inspecionadas, se revelariam ainda mais absurdas que as imagens em forma humana despertadas pela teologia cristã. Pois

[3]No original, o autor usa exatamente o termo *tapioca*, de origem tupi [N. do E.].

o homem, afinal de contas, é a mais elevada criatura, capaz de viver a experiência sensorial. Ele, pelo menos, conquistou o Globo, honrou a virtude (embora não a siga), obteve conhecimento e fez poesia, música e arte. Se Deus existe, não é irracional supor que somos mais parecidos com Ele que com qualquer outra coisa que conhecemos. Sem dúvida, somos indiscutivelmente diferentes dele, e nesse sentido todas as imagens humanas são falsas. Entretanto, aquelas imagens de névoas sem forma e forças irracionais que, sem serem reconhecidas, assaltam a mente quando pensamos estar progredindo na concepção do Ser impessoal e absoluto devem ser ainda mais falsas. Imagens de uma ou outra espécie sempre surgirão: não podemos nos excluir da própria sombra.

No que se refere ao cristão maduro da atualidade, o absurdo das imagens não implica necessariamente doutrinas absurdas, mas devemos nos perguntar se podemos dizer o mesmo do cristão de tempos antigos. Talvez ele aceitasse as imagens como verdadeiras e acreditasse realmente no palácio celestial ou no trono ornamentado. Como vimos no exemplo das Coisas Vermelhas Nojentas, nem mesmo isso invalidaria tudo que se pensasse sobre o assunto. Em nosso exemplo, a criança poderia conhecer muitas verdades sobre veneno e mesmo em alguns casos verdades que um adulto talvez não conhecesse. Vamos supor que um camponês da Galiléia pensasse que Cristo física e literalmente "sentou-se à direita do Pai". Se esse camponês tivesse ido a Alexandria e recebido educação filosófica, descobriria que o Pai não teria mão direita nem mesmo se assentaria em tronos. Seria concebível que ele considerasse a questão como se não fizesse nenhuma diferença quanto ao que ele realmente acreditava e valorizava sobre a doutrina enquanto não tinha conhecimento do assunto? Pois, a menos que imaginemos que ele fosse não apenas um camponês, mas também um tolo (duas coisas muito diferentes), os detalhes físicos da suposta sala do trono celestial não teriam sido a razão de sua inquietação. Importaria a crença de que um homem comum, a quem havia conhecido na Palestina, sobrevivera à morte e estava agora atuando como agente supremo do Ser sobrenatural que governava e mantinha todo o campo da realidade. E essa crença permaneceria substancialmente imutável depois de reconhecida a falsidade das imagens anteriores.

Portanto, mesmo que pudesse ser provado que os primeiros cristãos aceitaram literalmente aquelas imagens, não seria motivo de despejarmos todas as suas doutrinas em um porão. Se eles realmente o fizeram, isso é outro assunto. A dificuldade aqui é que eles não escreveram como filósofos para satisfazer a curiosidade especulativa sobre a natureza de Deus e do Universo. Eles *criam* em Deus, e quando um homem crê a exatidão filosófica nunca é considerada a *primeira* necessidade. Um homem que está se afogando não analisa a corda que lhe é atirada, nem o homem apaixonado se interessa pelos componentes químicos dos cosméticos usados por sua mulher. Assim, a questão que estamos agora considerando jamais foi questionada pelos autores do Novo Testamento. Uma vez levantada, o Cristianismo decide se as imagens ingênuas são mesmo falsas. A seita que no deserto do Egito pregava ser Deus semelhante ao homem está condenada. O monge do deserto que julgou ter perdido algo ao vê-las corrigidas é considerado como tendo a "mente confusa".[4] As três Pessoas da Trindade são consideradas "incompreensíveis".[5] Deus é declarado "inexprimível, inconcebível e invisível a todos os seres criados".[6] A Segunda Pessoa não só é impalpável, mas tão diferente do homem que, se a autorevelação fosse Seu único propósito, Ele não teria escolhido encarnar em forma humana.[7] Não encontramos declarações semelhantes no Novo Testamento porque o assunto ainda não fora explicitado. Entretanto, descobrimos afirmações que confirmam como esse assunto seria resolvido quando se tornasse explícito. O título "Filho" pode soar "antiquado" ou "ingênuo", mas já no Novo Testamento esse "Filho" é identificado com o Discurso ou Razão ou Verbo que estava eternamente "com Deus" e ainda *era* também Deus.[8] Ele é o princípio universal de concreção ou coesão por meio do qual o Universo se mantém.[9] Todas as coisas, especialmente a Vida, surgiram *proveniente* dele,[10] e nele todas as coisas se consumarão — a declaração final do que eles vêm tentando expressar.[11]

Naturalmente, sempre é possível imaginar uma camada social inicial do Cristianismo na qual esses conceitos não existiam, assim como sempre é possível dizer que algo que não se aprecie em Shakespeare foi colocado por um "adaptador", que

[4]*Senex mente confusus*, fala de Cassiano em *Declínio e queda do Império Romano*, de Edward GIBBON, cap. 42.
[5]*Credo de Atanásio.*
[6]João CRISÓSTOMO, *Sobre a incompreensibilidade de Deus*, apud Rudolf OTTO, *Idea of the Holy*, Apêndice 1.
[7]Atanásio, *Sobre a encarnação do Verbo*, p. viii.
[8]João 1.1.
[9]Colossenses 1.17.
[10]Colossenses 1 ἐν αὐτῷ εὐδόκησεν. Jo 1.4.
[9]Efésios 1.10.

não constava na peça original. Podemos perguntar-nos, então, que relação têm suposições desse tipo com uma pesquisa séria? A invenção delas aqui é especialmente perversa, pois mesmo que retrocedêssemos além do Cristianismo, até o próprio Judaísmo, não encontraremos o antropomorfismo inequívoco (ou de semelhança humana) que estamos procurando. Nem encontraremos, admito, uma negação disso. Encontraremos, de um lado, a descrição de Deus vivendo acima, "num lugar alto e santo", e de outro: " 'Não sou eu aquele que enche os céus e a terra?' pergunta o SENHOR".[12] Veremos que, na visão de Ezequiel, Deus aparece (note as palavras hesitantes) como "uma figura que parecia um homem".[13] Mas encontraremos também a advertência: "No dia em que o SENHOR lhes falou do meio do fogo em Horebe, vocês não viram forma alguma. Portanto, tenham muito cuidado para que não se corrompam fazendo para si um ídolo...".[14] O mais desconcertante de tudo para um literalista moderno é que o Deus que parece habitar no céu também o *fez.*[15]

A razão do embaraço do literalista moderno é que ele está tentando extrair dos autores antigos algo que não está lá. Com base na distinção clara e moderna entre material e imaterial, ele procura descobrir de que lado dessa distinção se encontra a antiga concepção hebraica. Ele se esquece de que a distinção propriamente dita só se tornou clara no pensamento posterior.

Dizem-nos com freqüência que o homem da Antiguidade não podia conceber o espírito puro. Então ele também

[12]Jeremias 23.24.
[13]Ezequiel 1.26.
[14]Deuteronômio 4.15.
[15]Gênesis 1.1.

não podia conceber a matéria simples. Um trono e uma habitação local são atribuídos a Deus apenas na fase em que ainda era impossível considerar o trono, ou o palácio, até mesmo de um rei terreno como simples objetos físicos. Nos tronos e palácios terrenos, o que importava à mente dos tempos antigos era o significado espiritual — a "atmosfera", digamos assim. No momento em que o contraste entre "espiritual" e "material" lhes foi apresentado, sabiam que Deus era "espiritual" e compreendiam que a religião que professavam tinha assim subentendido desde o início. Todavia esse contraste não existiu em um estágio anterior. Considerar não-espiritual essa fase anterior por não descobrirmos nela uma afirmação positiva do espírito não-encarnado é um grande erro. Poderíamos, da mesma forma, chamá-la espiritual por não conter uma consciência explícita da matéria pura. Barfield demonstra que, em relação à história da linguagem, as palavras não surgiram por meio de simples referências a objetos físicos, estendendo-se depois por metáforas que se referiam a emoções, estados mentais e outros. Pelo contrário, os agora chamados significados "literais e metafóricos" foram dissociados pela análise de uma unidade milenar de significado que não era nem um nem outro. Da mesma forma, é totalmente errado pensar que o homem concebeu um Deus ou Céu "material" e gradualmente os espiritualizou. Ele não poderia ter começado com algo "material", pois o material, como o compreendemos, só pode ser apreendido em contraste com o "imaterial", e os dois lados do contraste aumentam na mesma velocidade. Ele começou com algo que não era nem um nem outro. Enquanto tentarmos ler nessa unidade milenar, em qualquer um dos dois opostos que até então têm sido analisados fora dessa unidade, interpretaremos erroneamente toda a literatura antiga e ignoraremos muitos estados de consciência que ainda hoje experimentamos de tempos em tempos. Esse ponto é crucial não só para a presente discussão, mas também para toda e qualquer crítica literária ou filosófica sensata.

As doutrinas cristãs, e até mesmo as judaicas que as precederam, foram sempre declarações sobre a realidade espiritual, e não modelos de ciência física da Antiguidade. O que quer que seja positivo na concepção do espiritual sempre esteve presente nele. Foi apenas seu aspecto negativo (a imaterialidade) que precisou esperar pelo reconhecimento, até que o pensamento abstrato se desenvolvesse plenamente. As imagens materiais nunca foram tomadas literalmente por ninguém que tivesse alcançado o estágio da compreensão do que significava "tomar literalmente". Chegamos agora à diferença entre "explicar" e "dar satisfação", que se manifesta de duas formas. 1) Quando algumas pessoas dizem que algo tem significado "metafórico", inferem com isso que é provável não ter significado algum. Pensam corretamente que Cristo usou uma metáfora quando nos ordenou que carregássemos a cruz, mas concluem erroneamente que carregar a cruz não significa nada além de levar uma vida respeitável e contribuir com obras de caridade. Pensam acertadamente que o "fogo" do inferno é uma metáfora, mas concluem imprudentemente que não significa nada mais que o remorso. Dizem também que a história da Queda do Homem, em Gênesis, não é literal e então continuam a afirmar (eu mesmo já os ouvi dizer) que se tratava, na verdade, de uma queda ascendente — o que equivale a dizer que, pelo fato de a frase "meu coração está partido" conter uma metáfora, ela deve significar na verdade "sinto-me muito alegre". Francamente, considero essa forma de interpretação uma insensatez, pois para mim as doutrinas cristãs "metafóricas", ou que se tornaram assim em decorrência do desenvolvimento do pensamento abstrato, significam algo que, depois de removida a linguagem figurada de tempos imemoriais, continua tão "sobrenatural" ou provocador quanto antes. Elas querem dizer que, além do Universo físico ou psicofísico conhecido pelas ciências, existe uma realidade, não-criada e não-sujeita a condições, que mantém a existência do Universo; que essa realidade possui uma estrutura ou constituição positiva que é produtiva, embora, sem dúvida, não completamente descrita na doutrina da Trindade; que essa realidade, num determinado ponto do tempo, entrou no Universo conhecido, tornando-se uma de suas criaturas, e produziu efeitos no nível histórico, os quais o funcionamento normal do Universo natural não produz; que isso levou a uma mudança em nossas relações com a realidade não condicionada. Observar-se-á que nossa expressão desinteressante "entrou no Universo" não é nem um pouco menos metafórica que a mais pitoresca, "desceu do Céu". Simplesmente substituímos uma imagem de movimento horizontal ou indefinido por outra, de movimento vertical. E toda tentativa de melhorar a linguagem milenar terá o mesmo resultado. Essas coisas não só não devem ser afirmadas — não podem sequer ser trazidas à discussão — sem o auxílio da metáfora. Podemos tornar nosso discurso mais pesado, porém não mais literal. 2) Essas declarações dizem respeito a duas coisas: à realidade sobrenatural e incondicionada e àqueles acontecimentos no nível histórico cuja penetração no Universo natural é acusada de ter produzido. A primeira não pode ser descrita no discurso "literal", e portanto interpretamos acertadamente tudo que é dito sobre isso metaforicamente. A segunda, porém, está em uma posição muito diferente. Os acontecimentos no nível histórico são o tipo de coisa das quais podemos falar literalmente. Se eles ocorreram, foram percebidos pelos sentidos do homem. A "explicação" legítima degenera-se em "justificativa" confusa e desonesta no momento em que começamos a aplicar a esses acontecimentos a interpretação metafórica que aplicamos corretamente às declarações sobre Deus. A afirmativa de que Deus tem um Filho jamais pretendeu significar que Ele é um ser que propaga sua espécie por meio do intercurso sexual; portanto não alteramos o Cristianismo ao tornar explícito o fato de que o termo "filiação" não é usado em relação a Cristo no mesmo sentido em que o empregamos para os homens. No entanto, a afirmação de que Jesus transformou água em vinho teve um significado perfeitamente literal, pois se refere a algo que, se realmente aconteceu, estava ao alcance dos nossos sentidos e de nossa linguagem. Quando digo: "Meu coração está partido", sabemos muito bem que não estou querendo dizer algo que poderia ser verificado numa autópsia. Todavia quando digo: "O laço de meu sapato se desfez", caso sua percepção mostre que ele se acha intacto, estarei mentindo ou enganado. Os relatos dos "milagres" na Palestina do século I ou são mentiras, ou são lendas, ou são história. Caso todos, ou o mais importante deles, forem lendas ou mentiras, então as afirmações que o Cristianismo tem feito nos últimos dois mil anos são simplesmente falsas; mesmo que, sem dúvida, contivesse sentimentos nobres e verdades morais, assim como as mitologias grega e nórdica as contêm. Isso, porém, é outra história.

Nada neste capítulo nos ajuda a decidir sobre a probabilidade ou improbabilidade da afirmação cristã. Apenas removemos um mal-entendido, a fim de assegurar um julgamento justo para a questão.

Capítulo onze
Cristianismo e religião

> Quem faz de sua religião o seu deus não terá Deus em sua religião.
>
> Thomas Erskine de Linlathen

Tendo esclarecido as confusões surgidas pelo desconhecimento das relações entre pensamento, imaginação e discurso, podemos agora retomar a questão. Os cristãos afirmam que Deus tem feito milagres. O mundo moderno, mesmo quando crê em Deus e depois de verificar a vulnerabilidade da Natureza, não crê, julgando que Deus não faria esse tipo de coisa. Será que temos razões para supor que o mundo de hoje está certo? Concordo que o tipo de Deus concebido pela "religião" popular de nossos dias com toda a certeza não operaria milagres. A questão é se essa religião popular tem alguma probabilidade de estar certa.

Chamo-a "religião" deliberadamente. Nós, que defendemos o Cristianismo, vemo-nos constantemente atacados pela verdadeira religião de nossos ouvintes, e não por sua falta de religião. Falemos de beleza, verdade e bondade ou de um Deus que é simplesmente o princípio de habitação interior desses três atributos; falemos de uma grande força espiritual que permeia todas as coisas, uma mente comum da qual todos somos partes, um reservatório de espiritualidade generalizada para o qual podemos todos fluir. Iremos deparar com um amigável interesse. No entanto, a temperatura sobe quando mencionamos um Deus que tem planos e realiza atos notáveis, que faz uma coisa e não outra, um Deus concreto que escolhe, dá ordens, proíbe e tem caráter definido. Os ouvintes ficam imediatamente perturbados ou aborrecidos. Tal concepção lhes parece antiga, rude e até irreverente. A "religião" popular exclui os milagres porque exclui o "Deus vivo" do Cristianismo e acredita, em vez disso, em um tipo de Deus que evidentemente não operaria milagres ou, na verdade, qualquer outra coisa. Essa religião "popular" pode ser chamada, de modo geral, Panteísmo, e devemos agora examinar suas credenciais.

Em primeiro lugar, ela geralmente se baseia numa concepção bastante fantasiosa da história da religião. Segundo essa idéia, o homem começa inventando "espíritos" para explicar fenômenos naturais e de início imagina esses espíritos exatamente semelhantes a ele mesmo. À medida que o homem se torna mais esclarecido, os espíritos perdem sua identificação com a forma humana, tornam-se menos "antropomórficos", como dizem os eruditos. Seus atributos antropomórficos começam a diminuir um a um: primeiro a forma humana, depois as paixões, a seguir a personalidade, a vontade, a atividade e por fim todo atributo concreto ou positivo, seja ele o que for. O que resta é pura abstração: a mente como tal e a espiritualidade como tal. Deus, em vez de ser uma entidade particular com caráter próprio, transforma-se simplesmente no "espetáculo completo" observado de modo particular ou no ponto teórico em que todas as linhas da aspiração humana se encontrariam, se produzidas infinitamente. E, desde então, do ponto de vista moderno, em que o estágio final de qualquer coisa é o mais refinado e civilizado, essa "religião" é considerada uma crença mais profunda, mais espiritual e mais esclarecida que o Cristianismo.

Ora, essa história imaginária da religião não é verdadeira. O Panteísmo com certeza (como diriam seus defensores) é conveniente à mente moderna, mas o fato de um calçado entrar com facilidade no pé não é prova de que é novo, muito menos de que manterá os pés secos. O Panteísmo é conveniente à nossa mente não por ser um estágio final num processo lento de esclarecimento, mas por ser quase tão antigo quanto nós. Talvez seja até mesmo a mais antiga das religiões, e a *orenda*[1] de uma tribo selvagem tenha sido interpretada por alguns como um "espírito que tudo permeia". Ela é antiqüíssima na Índia. Os gregos a superaram apenas em seu apogeu, no pensamento de Platão e Aristóteles. Seus sucessores retrocederam ao grande sistema panteísta dos estóicos. A Europa moderna só escapou enquanto permaneceu predominantemente cristã, voltando às antigas idéias com Giordano Bruno e Spinoza. Com Hegel, ela tornou-se quase a filosofia aceita pelas pessoas de maior cultura, enquanto o Panteísmo mais popular de Wordsworth,

[1]Força que, segundo alguns povos antigos, impregna os objetos, podendo atuar sobre criaturas humanas. Corresponde ao ectoplasma da parapsicologia [N. do E.].

Carlyle e Emerson transmitia a mesma doutrina àqueles que se achavam num nível cultural um pouco inferior. Longe de ser o refinamento religioso final, o Panteísmo é de fato a inclinação natural e permanente da mente humana, o nível permanente comum abaixo do qual o homem algumas vezes afunda sob a influência do poder sacerdotal e da superstição, mas acima do qual seus esforços por si mesmos jamais o manterão erguido por muito tempo. O Platonismo, o Judaísmo e o Cristianismo (que incorporou ambos) mostram-se os únicos capazes de resistir-lhe. Trata-se da atitude que a mente humana automaticamente assume quando deixada por si mesma. Não é de admirar que a consideremos apropriada. Se "religião" significa simplesmente o que o homem diz a respeito de Deus, e não o que Deus faz em relação ao homem, então o Panteísmo *é* quase uma religião. E a "religião", nesse sentido, tem, com o tempo, apenas um inimigo realmente temível, a saber, o Cristianismo.[2] A filosofia moderna rejeitou Hegel, e a ciência moderna não demonstrou propensão alguma favorável à religião. Entretanto, ambas se mostraram incapazes de deter o impulso humano em direção ao Panteísmo. Ele continua quase tão forte hoje quanto o foi na Índia da Antiguidade ou na antiga Roma. A teosofia e o culto à força vital são ambos expressões do mesmo

[2]Dessa forma, se um ministro de educação professa valorizar a religião e ao mesmo tempo toma medidas para obstruir o Cristianismo, não quer dizer necessariamente que ele seja um hipócrita ou mesmo (no sentido comum e secular da palavra) um tolo. Pode ser que ele deseje sinceramente mais "religião" e perceba de maneira concreta que a supressão do Cristianismo seja uma preliminar necessária para cumprir esse propósito [N. do A.].

Panteísmo. O culto alemão ao espírito racial não passou também de um Panteísmo mutilado ou reduzido para se ajustar aos bárbaros. Por uma estranha ironia, no entanto, cada nova recaída para essa "religião" tão antiga é recebida como a última palavra em inovação e emancipação.

Essa inclinação natural da mente encontra seu paralelo num campo de pensamento muito diferente. Os homens acreditavam nos átomos séculos antes de terem qualquer evidência experimental de sua existência. Era aparentemente natural acreditar. O tipo de átomo em que naturalmente acreditamos apresenta-se na forma de grânulos pequenos e duros, como as substâncias sólidas que encontramos em nossas experiências, porém pequenos demais para serem vistos. A mente alcança essa concepção por uma analogia fácil com grãos de areia ou de sal, o que explica diversos fenômenos. Sentimo-nos à vontade com átomos dessa espécie, pois podemos imaginá-los. Essa crença teria durado para sempre se a ciência posterior não tivesse sido tão laboriosa em descobrir como os átomos *realmente* são. No momento em que isso aconteceu, todo o nosso conforto e toda a imediata aceitabilidade e a evidência da velha teoria atômica caíram por terra. Os verdadeiros átomos apresentam-se absolutamente distintos daquele conceito natural. Não são sequer feitos de "matéria" ou "substância" dura (do modo em que a imaginação entende a "matéria"). Não são simples, mas têm uma estrutura. Não são todos iguais e não podem ser fotografados. A velha teoria atômica é na física o que o Panteísmo é na religião — a suposição normal, instintiva da mente humana, não completamente errada, mas carente de correção. A teologia cristã e a física quântica, em comparação com a primeira suposição, são ambas duras, complexas, secas e impermeáveis. O primeiro impacto da natureza real do objeto, ao interromper nossos sonhos espontâneos do que o objeto deveria ser, tem sempre essas características. Não se pode esperar que Schrödinger seja tão plausível quanto Demócrito. Ele sabe demais. Não se pode esperar que Atanásio seja tão plausível quanto Bernard Shaw. Ele também sabe demais.

A verdadeira situação nesse caso é muitas vezes mal interpretada porque as pessoas comparam um conhecimento adulto do Panteísmo com o conhecimento do Cristianismo que adquiriram na infância. Assim, têm a impressão de que o Cristianismo apresenta a descrição "óbvia" de Deus, aquela que é fácil demais para ser verdade, enquanto o Panteísmo oferece algo sublime e misterioso. Na verdade, a situação é exatamente a inversa. A aparente profundidade do Panteísmo oculta levemente um aglomerado de imagens mentais espontâneas e deve sua plausibilidade a esse fato. Panteístas e cristãos concordam em que Deus está presente em toda parte. O panteísta deduz que Ele esteja "difuso" ou "oculto" em todas as coisas, sendo portanto um meio universal, e não uma entidade concreta, porque a mente dele se acha realmente dominada pela imagem de um gás ou fluido ou do espaço propriamente dito. Já o cristão descarta deliberadamente tais imagens, dizendo que Deus está totalmente presente em cada ponto do espaço e do tempo, mas não se acha *localizado* em nenhum deles. Mais uma vez, panteístas e cristãos concordam em que somos todos dependentes de Deus e intimamente relacionados a Ele. O Cristianismo, contudo, define esse relacionamento em termos de Criador e criatura, enquanto o Panteísmo (pelo menos a forma popular) diz que somos "partes" dEle ou que estamos contidos nEle. Novamente, a imagem de algo imensamente expandido, divisível em áreas, entra em jogo. Por causa dessa imagem fatal, o Panteísmo deduz que Deus deve estar igualmente presente naquilo que chamamos mal e bem e, por essa razão, indiferente a ambos (o éter infiltra-se na lama e no mármore de forma imparcial). O cristão precisa responder que isso é simples demais. Deus está presente de inúmeras maneiras: não está presente na matéria como está no homem; não está presente em todos os homens como está em alguns; não está presente em homem algum como está em Jesus. Panteístas e cristãos também concordam em que Deus é ultrapessoal. O cristão quer dizer com isso que Deus possui uma estrutura positiva que jamais poderíamos supor antecipadamente, assim como o conhecimento dos quadrados não nos capacitaria a adivinhar a existência do cubo. Ele contém "pessoas" (três delas), embora permaneça um Deus único, assim como o cubo contém seis quadrados, embora permaneça um corpo sólido indivisível. Não podemos compreender tal estrutura mais do que um habitante da Planolândia[3] poderia conceber um cubo. Podemos, todavia, pelo menos compreender nossa incompreensão e perceber que, se existe algo além da personalidade, esse *algo* deve ser incompreensível nesse sentido. Já o panteísta, embora diga que Deus é "ultrapessoal", concebe-o realmente em termos subpessoais, como

[3]No romance *Flatland: A Romance of Many Dimensions* [Planolândia: um romance de muitas dimensões], de Edwin A. ABBOTT, o autor descreve uma terra imaginária bidimensional. Seus habitantes, portanto, não conseguiriam conceber a idéia de um cubo [N. do E.].

se os habitantes da Planolândia imaginassem a existência do cubo, porém com *menos* dimensões que um quadrado.

O Cristianismo precisa corrigir as expectativas naturais do Panteísmo em todos os pontos e oferecer-lhe algo mais difícil, assim como Schrödinger teve de corrigir Demócrito. A cada momento, o Cristianismo precisará multiplicar as distinções e eliminar as falsas analogias. Também precisará substituir os mapeamentos dc alguma coisa que tenha caráter positivo, concreto e fortemente articulado pelas generalidades sem forma em que o Panteísmo se sente à vontade. De fato, depois de a discussão ter-se alongado por algum tempo, o panteísta estará apto a mudar suas bases e, no ponto em que antes nos acusava de ingenuidade infantil, agora nos culpará pelo pedantismo complexo de nossos "Cristos indiferentes e Trindades confusas". E pode ser que concordemos com ele. O Cristianismo, quando confrontado com a "religião" popular, é sempre problemático. Diante das declarações amplas e bem-intencionadas da "religião", vê-se obrigado a responder repetidamente: "Bem, não é de fato assim", ou: "Eu dificilmente diria isso dessa forma". Esse incômodo não prova, na verdade, que ele seja verdadeiro, mas se fosse estaria constrangido a ter tal incômodo. O verdadeiro músico é semelhantemente uma importunação a quem deseja desenvolver a "apreciação musical" sem conhecer música. O verdadeiro historiador é um estorvo quando desejamos romancear sobre os "velhos tempos" ou sobre os "gregos e romanos da Antiguidade". A natureza aperfeiçoada de qualquer coisa real é sempre, a princípio, um estorvo às nossas fantasias naturais, um intruso infame e pedante que interrompe a lógica de uma conversação que se desenvolvia maravilhosamente bem sem ele.

A "religião", contudo, alega basear-se na experiência. As experiências dos místicos (essa classe popular, mas não definida) são tomadas como indicadoras de que Deus é o Deus da "religião", e não do Cristianismo. Que ele — ou isso — não é um Ser concreto, mas um "ser geral", sobre o qual nada pode ser realmente confirmado. Tudo que tentamos dizer sobre Deus os místicos tendem a replicar: "Não é assim". Considerarei a seguir sobre o que significam todas essas respostas negativas dos místicos, mas antes devo afirmar por que me parece impossível que possam ser verdadeiras no sentido popularmente entendido.

Entretanto, é preciso admitir que, embora presentes, elementos concretos, individuais e específicos como flamingos, generais alemães, amantes, sanduíches, abacaxis, cometas e cangurus de fato existem. Não são simples princípios, generalidades ou teoremas, e sim coisas — fatos — existências reais e resistentes. Seria mesmo possível dizer existências *opacas*, no sentido de que cada uma delas contém algo que nossa inteligência não pode classificar completamente. Até onde são capazes de ilustrar as leis gerais, podemos entendê-las, mas quase nunca se limitam a meras ilustrações. Acima e por trás disso, há em cada uma delas a realidade "opaca" e brutal da existência; a realidade que se encontra, na verdade, ali e é ela mesma. Ora, essa realidade opaca, essa solidez não é de forma alguma considerada pelas leis da Natureza ou mesmo pelas leis do pensamento. Cada uma das leis pode ser reduzida à forma "Se A, então B". As leis dão-nos apenas um Universo de "Ses e Es", e não o Universo que existe realmente. O que sabemos pelas leis e princípios gerais é uma série de associações. No entanto, para que possa haver um Universo concreto, é preciso que as conexões façam conexão com alguma coisa. Um fluxo de realidades opacas precisa dar suporte ao padrão a que está vinculado. Se Deus criou o mundo, então Ele é justamente a fonte desse fluxo, e este sozinho confere aos nossos mais verdadeiros princípios todas as condições *sobre as quais* se baseia a convicção. Entretanto, se Deus é a suprema fonte de todas as coisas e acontecimentos concretos e individuais, então o Próprio Deus deve ser individual e concreto no mais alto grau. A não ser que a origem de todas as outras coisas fosse em si mesma concreta e individual, nada mais poderia ser assim, pois não há possibilidade concebível por meio da qual o que é abstrato ou geral possa por si mesmo gerar realidade concreta. Mesmo que uma escrituração contábil continuasse por toda a eternidade, ela jamais daria origem a um centavo. A métrica, por si só, nunca produziria um poema. A contabilidade precisa de algo mais (isto é, dinheiro colocado na conta), e a métrica também (palavras nela inseridas por um poeta), antes que um rendimento ou poema possa existir. Se algo deve realmente existir, então a Coisa Original não deve ser um princípio, nem uma generalidade, muito menos um "ideal" ou um "valor", mas uma realidade absolutamente concreta.

Provavelmente nenhum ser racional negaria (com todas as letras) que Deus é concreto e individual. Nem todos os seres racionais, porém, e por certo nem todos os que acreditam em "religião" mantêm essa verdade continuamente diante de si. Devemos ter o cuidado, como disse alguém, de não fazer "saudações metafísicas" precipitadas a Deus. Dizemos que Deus é "infinito". No sentido de que Seu conhecimento e Seu poder se estendem a todas as coisas, e não apenas a algumas, isso é verdadeiro. Entretanto, se o uso do termo "infinito" nos estimula a pensar nEle como uma "coisa" disforme, sobre quem nada em particular e tudo em geral é verdadeiro, então seria melhor deixar essa palavra de lado. Ousemos dizer que Deus é uma Coisa específica. Outrora, Ele foi a única Coisa, mas Ele é criativo. Fez com que outras coisas passassem a existir. Ele não é, contudo, essas outras coisas que criou. Não é um "ser universal". Se fosse, não haveria criaturas, pois uma generalidade não pode criar nada. Ele é um "ser absoluto", ou seja, *o* Ser Absoluto, no sentido de que Ele sozinho existe por iniciativa própria. Contudo existem coisas que Deus não é, e, nesse sentido, Ele tem um caráter definido. Portanto, Ele é justo, não amoral; criativo, não inerte. Os escritos hebraicos observam aqui um equilíbrio admirável. Uma vez que Deus disse simplesmente "EU SOU", proclamou o mistério da auto-existência. Inúmeras vezes, porém, Ele diz: "Eu sou o SENHOR", isto é: Eu, o Fato supremo, tenho *este* caráter, e não *aquele*. E os homens são exortados a "conhecer ao SENHOR", a fim de descobrir e provar esse caráter.

O erro que estou tentando corrigir aqui é um dos mais sinceros e respeitáveis erros do mundo. Tenho afinidade o bastante com ele para me surpreender com a linguagem que fui constrangido a usar ao estabelecer o ponto de vista oposto, que acredito ser o verdadeiro. Dizer que Deus "é uma Coisa específica" parece suprimir a incomensurável diferença não só entre o que Ele é e o que todas as outras coisas são, como também entre o próprio modo de Sua existência e o das demais coisas. Devo, imediatamente, recuperar o equilíbrio, insistindo em que coisas secundárias, desde átomos até arcanjos, dificilmente alcançam existência completa se comparadas ao Criador. O princípio da existência dessas coisas não está nelas mesmas. Podemos distinguir *o que* são a começar do fato *de que* elas são. Podemos entender sua definição e formar uma idéia clara delas sem nem mesmo saber *se* são. A existência é um acréscimo "opaco" à idéia de serem. Todavia, com Deus é diferente: se compreendêssemos plenamente *o que* Deus é, veríamos que não há dúvida quanto a *se* Ele é. Teria sido sempre impossível que Ele não pudesse existir. Ele é o centro opaco de todas as existências, a coisa que simples e inteiramente *é*, a origem de todos os fatos. Entretanto, agora que Ele criou tudo, existe um sentido no qual devemos dizer que Ele é uma Coisa particular e igualmente uma Coisa entre outras. Afirmar isso não é diminuir a diferença incomensurável entre Ele e as outras coisas. Pelo contrário, é reconhecer nEle uma perfeição positiva que o Panteísmo suprimiu: a perfeição do ser criativo. Ele é tão pleno de existência que pode distribuí-la, pode trazer outros elementos à existência e ser realmente outra coisa além de Si Mesmo, pode tornar falsa a afirmação de que Ele é tudo.

Está claro que jamais houve um tempo em que nada existisse. Do contrário, nada existiria agora. Existir, porém, significa ser Algo positivo; ter (metaforicamente) determinada forma ou estrutura; ser isto, e não aquilo. A Coisa que sempre existiu, chamada Deus, sempre teve, portanto, seu cará ter positivo. Por toda a eternidade, determinadas declarações sobre Ele se comprovarão, e outras se mostrarão falsas. E, a começar do simples fato de nossa existência e da Natureza, até certo ponto já sabemos quais são essas declarações. Sabemos que Ele inventa, age e cria. Além disso, não pode haver fundamento que suponha antecipadamente que Ele não opere milagres.

Por que, então, os místicos se referem a Ele da forma em que o fazem e por que muitos se antecipam em afirmar que, seja Deus o que for, Ele não é o Deus concreto, vivo, dotado de vontade e atuante da teologia cristã? Penso que existe uma razão. Vamos supor que um molusco místico, um sábio entre os moluscos, que (em estado de arrebatamento) tem um vislumbre de como é o Homem. Ao relatar o que viu aos seus discípulos, que também tiveram uma visão (embora menos profunda que a do sábio), terá de apresentar muitas proposições negativas. Contará que o Homem não tem concha e não está preso a uma rocha nem cercado de água. Os discípulos, apoiando-se na própria visão, conseguem fazer uma idéia do Homem. Surgem, então, os moluscos eruditos, que escrevem histórias da filosofia e fazem palestras sobre religiões comparadas, mas que jamais tiveram uma visão. O que extraem das palavras do molusco-profeta são simplesmente as negativas e nada mais. E, uma vez que não são corrigidos por nenhuma percepção positiva, constroem uma imagem do Homem semelhante a uma espécie de gelatina amorfa ("não tem concha") que não se fixa em nenhum lugar determinado ("não está preso à rocha") e jamais se alimenta (porque não há água para levar o alimento até ele). E, por ter uma reverência tradicional pelo Homem, concluem que ser uma gelatina subnutrida em um vácuo ilimitado seja o modo supremo de existência e rejeitam qualquer doutrina que possa atribuir ao Homem forma, estrutura e órgãos definidos, qualificando-a pura superstição, rude e materialista.

Nossa posição é muito semelhante à dos moluscos eruditos. Os grandes profetas e santos têm uma percepção positiva e concreta de Deus no mais alto grau, pois bastou tocar a borda de Seu ser para sentirem que Ele é a plenitude de vida, de poder e de alegria. Por essa razão (e não por outra), viram-se no dever de declarar que Ele transcende aquelas limitações a que chamamos "personalidade", "paixão", "mudança", "materialidade" e coisas semelhantes. A qualidade positiva que há nEle que rejeita essas limitações é o único fundamento contra todas as negativas. Contudo, à medida que prosseguimos e tentamos construir uma religião intelectual ou "iluminista", nos apropriamos dessas negativas (infinito, imaterial, inabalável, imutável etc.) e as usamos sem o controle de qualquer intuição positiva. A cada passo, precisamos nos desvencilhar da idéia de um Deus que possui algum atributo humano. A única e verdadeira razão para remover o atributo humano, porém, é abrir espaço para substituí-lo por um atributo divino positivo. Na linguagem do apóstolo Paulo, o propósito de nos despirmos não é fazer com que nossa idéia de Deus alcance a nudez, e sim que nossa nudez seja revestida. Infelizmente, não temos meios para nos revestir. Quando removemos algumas características humanas insignificantes de nosso conceito de Deus, não temos, por nós mesmos (simples eruditos ou pesquisadores inteligentes), como preencher aquele atributo ofuscante e concreto da Divinda de que deveria ser substituído. Conseqüentemente, em cada etapa do processo de refinamento, nossa idéia de Deus é reduzida, e imagens funestas tomam lugar (um mar infinito e silencioso, um céu vazio e além de todas as estrelas, uma abóbada de brancura radiante). Alcançamos finalmente o simples nada e prestamos culto à não-existência. A compreensão, entregue a si mesma, dificilmente deixará de seguir esse caminho. É por isso que a declaração cristã de que somente aquele que faz a vontade do Pai conhecerá a verdadeira doutrina está filosoficamente correta. A imaginação ajuda até certo ponto, mas na vida moral e (mais ainda) na devocional, tocamos algo concreto que, ao mesmo tempo, começará a corrigir o vazio crescente de nosso conceito de Deus. Um momento, mesmo que seja de pouco arrependimento ou duvidosa gratidão, nos afastará, pelo menos um pouco, do abismo da abstração. É a própria Razão que nos ensina a não confiar somente na razão quanto a esse assunto, porque ela sabe que não pode operar sem a matéria. Quando se fica claro que não podemos descobrir pela Razão se o gato está ou não no armário, a própria Razão sussurra: "Vá e olhe. Essa não é minha função, é uma tarefa para os sentidos". O mesmo acontece aqui. Os instrumentos para corrigirmos nosso conceito abstrato de Deus não podem ser fornecidos pela Razão. Ela será a primeira a lhe dizer: "Prove e veja!", pois, naturalmente, já lhe terá mostrado que sua idéia é absurda. Enquanto permanecermos como os Moluscos Eruditos, poderemos nos esquecer de que, se ninguém tivesse visto mais de Deus do que nós, não teríamos nem sequer razão para acreditar nEle como um Ser imaterial, imutável, impassível, e tudo o mais. Mesmo esse conhecimento negativo, que nos parece tão iluminado, não passa de uma lembrança que restou do conhecimento positivo de homens melhores; não passa das marcas deixadas na areia por uma onda celestial ao se recolher.

Diz o escritor William Blake: "Um Espírito e uma Visão não são, como supõe a filosofia moderna, uma névoa ou um nada, mas são organizados e minuciosamente articulados além de tudo que a natureza mortal e perecível pode produzir".[4] Ele está se referindo a como fazer desenhos de aparições que podem perfeitamente ser ilusórias, mas suas palavras também sugerem uma verdade em nível metafísico. Deus é um Fato básico ou Realidade básica, a origem de todos os outros fatos. Custe o que custar, Ele não deve ser concebido como uma generalidade sem traços característicos. Se Ele realmente existe, então é a coisa mais concreta que existe, a mais individual, "organizada e minuciosamente articulada". Ele é impronunciável não por ser indefinido, mas por ser definido demais para a inevitável falta de precisão da linguagem. Os termos *incorpóreo* e *impessoal* são enganosos, por sugerirem que falte alguma realidade que possuímos. Seria mais seguro chamá-lo *transcorpóreo* e *transpessoal.* O corpo e a personalidade, como os conhecemos, são os negativos reais; são o que resta do ser positivo quando suficientemente diluído para aparecer em formas temporais ou finitas. Até mesmo nossa sexualidade deveria ser considerada a transposição para um tom menor daquela alegria que nele é criativa, contínua e irresistível. Gramaticalmente falando, as coisas que dizemos a respeito dele são "metafóricas". Em um sentido mais profundo, porém, nossas energias físicas e psíquicas é que não passam de meras "metáforas" da Vida real que é Deus. A Filiação Divina é, por assim dizer, o sólido do qual a filiação biológica é simplesmente uma representação esquemática na superfície.

[4] *A Descriptive Catalogue* [Um catálogo descritivo], n. IV.

O tema das imagens, ou da linguagem figurada, que discutimos em todo o capítulo anterior, pode ser visto aqui de uma nova ótica, uma vez que é justamente o reconhecimento da realidade positiva e concreta de Deus que a linguagem figurada religiosa preserva. A imagem mais rudimentar do Antigo Testamento, que mostra Yahweh (Javé) surgindo da fumaça densa em forma de raios e relâmpagos, fazendo montanhas saltarem como carneiros, advertindo, prometendo, suplicando e até mesmo mudando de idéia, transmite essa sensação de Deidade *viva* que se evapora no pensamento abstrato. Até as imagens subcristãs — ou um ídolo hindu com uma centena de mãos — contêm *algo* que a simples "religião" de nossos dias deixou de fora. Acertamos em rejeitá-las, pois por elas mesmas induziriam às mais vis superstições e à adoração de um simples poder. Talvez devêssemos, acertadamente, rejeitar também grande parte do simbolismo do Antigo Testamento. Entretanto devemos ter certeza da razão de o fazermos: não é pelo fato de as imagens serem muito fortes, mas por serem muito fracas. A realidade espiritual suprema não é mais vaga, mais inerte, mais transparente que as imagens, e sim mais positiva, mais dinâmica e mais opaca. A confusão entre Espírito e alma (ou "fantasma") causou muito prejuízo. Fantasmas devem ser descritos, se é que devemos descrevê-los, como vagos e tênues, pois são meios-homens, um elemento abstraído de uma criatura que deveria ter carne. No entanto, o Espírito, se retratado, deve ser descrito de maneira oposta: nem Deus ou mesmo os deuses são "vagos" na imaginação tradicional. Até a morte humana, quando glorificada em Cristo, deixa de ser vista como "fantasma" e passa a ser "santificada". A diferença de atmosfera que mesmo agora envolve as frases "vi um fantasma" e "vi um santo", toda a palidez e imaterialidade de um, todo o ouro e o azul de outro, contém mais sabedoria que bibliotecas inteiras de "religião". Se precisamos de uma imagem mental para simbolizar o Espírito, é preciso representá-lo com algo mais *sólido* que a matéria.

E se dissermos que estamos rejeitando as antigas imagens a fim de fazer mais justiça aos atributos morais de Deus, devemos tomar novamente cuidado com o que realmente queremos dizer. Quando queremos aprender a respeito do amor e da bondade de Deus por *analogia*, imaginando paralelos no campo das relações humanas, recorremos naturalmente às parábolas de Cristo. No entanto, quando tentamos conceber a realidade como ela é em si mesma, precisamos ter cuidado para não interpretar os "atributos morais" em termos de simples consciência ou benevolência abstrata. Facilmente nos equivocamos porque negamos (corretamente) que Deus tenha paixões, e, para nós, um amor que não seja ardente significa um sentimento menor. No entanto a razão por que Deus não tem paixões é que elas implicam passividade e intermissão. A paixão do amor é algo que acontece em nós, como "ficar molhado" é algo que acontece ao corpo. Deus está isento dessa "paixão", da mesma forma que a água está isenta de "se molhar". Ele não pode ser afetado pelo amor, porque Ele *é* amor. Imaginar esse amor como algo menos torrencial ou menos agudo que nossas "paixões" temporárias e derivadas é uma fantasia das mais desastrosas.

Encontramos em alguns simbolismos tradicionais, de novo, alguma violência que tende a obscurecer a imutabilidade de Deus, a paz que quase todos os que se aproximam dEle retratam, "uma voz mansa e delicada".[5] Penso que é exatamente nesse ponto que a linguagem figurada pré-cristã é menos sugestiva. Todavia, mesmo aqui, há o perigo de que a imagem semiconsciente de algo imenso em descanso — um oceano claro e tranqüilo, uma abóbada de "brancura radiante" — possa infiltrar idéias de inércia ou de vazio. A tranqüilidade com que os místicos se aproximam dEle é atenta e cautelosa, justamente o oposto de um estado de sono ou devaneio. Estão se tornando como Ele. O silêncio no mundo material ocorre nos espaços vazios, mas a Paz suprema é silenciada por meio da própria densidade da vida. O dizer consome-se no ser. Não há movimento, porque a ação dEle (que é Ele mesmo) é eterna. Podemos, se o desejarmos, chamá-la movimento em velocidade infinita, que é o mesmo que descanso, mas alcançado mediante uma abordagem diferente, talvez menos enganosa.

Os homens relutam em passar da noção de divindade abstrata e negativa para a de um Deus vivo. Isso não me surpreende. Aqui está a raiz principal e mais profunda do Panteísmo e da objeção à linguagem figurada tradicional. Na realidade, ela não foi odiada por tê-Lo retratado como homem, mas por tê-Lo feito como rei ou mesmo como guerreiro. O Deus panteísta nada faz, nada exige. Ele está ali quando o solicitam, como um livro em uma prateleira. Não irá procurar por ninguém. Não há perigo nenhum de o céu e a terra escaparem ao Seu olhar. Se Ele fosse a verdade, poderíamos então dizer com segurança que todas as imagens cristãs de soberania não passaram de um acidente histórico do qual nossa religião deveria ser purificada. Descobrimos, des-

[5]V. 1Reis 19.12 [N. do E.].

concertados, que elas são indispensáveis. Você já teve surpresas assim antes, em relação a coisas menores, quando a linha lhe puxa a mão, quando algo respira a seu lado no escuro. O mesmo acontece aqui. O impacto acontece no exato momento em que a sensação de *vida* nos é comunicada paralelamente às pistas que seguíamos. É sempre impressionante encontrar vida quando pensávamos estar sozinhos. "Cuidado!", gritamos. "Está *vivo*!" Portanto, esse é o ponto de onde muitos recuam — eu teria feito o mesmo, se pudesse — e não prosseguem no Cristianismo. Um "Deus impessoal" — tudo bem. Um Deus subjetivo de beleza, verdade e bondade que vive na mente das pessoas — tanto melhor. Uma força de vida informe que nos emana, um vasto poder que podemos deixar fluir — perfeito. Mas o próprio Deus vivo, puxando do outro lado da corda, talvez se aproximando a uma velocidade infinita, caçador, rei, cônjuge — isso é outro assunto. Chega a hora em que as crianças que estavam brincando de mocinho e bandido se aquietam de súbito: "Será que esse ruído é realmente de passos no corredor?". Chega a hora em que as pessoas que estiveram brincando de religião ("A busca do homem por Deus!") de repente recuam. E se, de fato, O encontrássemos? Nunca pretendemos chegar a *isso*! Pior ainda, e se Ele nos encontrasse?

Trata-se, portanto, de um tipo de Rubicão.[6] Ou se atravessa o rio ou não. Entretanto, se alguém resolver atravessar, não há como se proteger contra os milagres. É tudo ou *nada*.

[6]Referência à travessia do rio Rubicão [*Rubico*, em latim; em italiano, *Rubicone*], entre a Itália e a Gália, cuja localização atual é incerta. A expressão significa tomar uma decisão final mesmo que arriscada [N. do E].

Capítulo doze
A propriedade dos milagres

> No momento em que o Princípio explica as Regras, ele as suplanta.
>
> J. R. Seeley, *Ecce Homo*

Se a Realidade suprema não é uma abstração, mas o Deus vivo, obscurecido pela própria plenitude de sua ofuscante realidade, então Ele pode criar coisas. Ele pode operar milagres. Mas será que o faz? Muitas pessoas sinceramente consagradas acreditam que não, pois acham que não seria digno dEle. Déspotas cruéis e instáveis quebram as próprias leis; reis sábios e bons obedecem a elas. Só um trabalhador incompetente produziria uma obra que precisasse ser retocada. Aqueles que pensam desse modo não se convencem com a declaração, feita no capítulo 8, de que os milagres, de fato, não infringem as leis da Natureza. Pode ser que isso seja incontestável, mesmo assim ainda se sentirá (e com justiça) que os milagres interrompem a marcha regular dos acontecimentos, o desenvolvimento uniforme da Natureza, conforme seu caráter inerente ou sua índole. A tais críticos, é como se eu considerasse essa marcha regular mais impressionante que qualquer milagre. Ao levantar os olhos (como Lúcifer no soneto de Meredith) para o céu à noite, consideram quase uma impiedade supor que Deus pudesse às vezes desdizer aquilo que uma vez disse com tamanha magnificência. Esse sentimento brota das profundas e nobres fontes da mente e sempre deve ser tratado com respeito. Ainda assim, creio que esteja baseado em um erro.

Quando os alunos começam a aprender a fazer versos em latim na escola, é muito provável que lhes seja proibido o que é chamado tecnicamente "espondeu no quinto pé".[1] É uma boa regra para os alunos, pois o hexâmetro normal não contém um espondeu nesse ponto, e se fosse permitido que os alunos usassem essa forma anormal, eles fariam isso constantemente, por conveniência, e talvez não conseguissem jamais aprender a composição típica do hexâmetro. No entanto, quando passam a ler Virgílio, descobrem que o clássico faz exatamente o que lhes foi proibido — sem muita freqüência, mas também não tão raramente. Do mesmo modo, pode ser que os jovens que acabaram de aprender a fazer versos rimados fiquem escandalizados ao descobrir rimas "ruins" (isto é, semi-rimas) nos grandes poetas. Até mesmo na carpintaria, no ato de dirigir carros ou na cirurgia há, suponho, "liberdades", métodos incomuns de se fazer as coisas que o próprio

[1]Referência à métrica do sistema de versificação greco-latino. Nos hexâmetros, que são versos de seis "pés", os quatro primeiros podem ser dátilos ou espondeus, o quinto é dátilo e o sexto é espondeu ou troqueu. O hexâmetro classifica-se segundo o tipo do penúltimo pé: hexâmetro datílico com o quinto pé dátilo e hexâmetro espondaico com o quinto pé espondeu [N. do T.].

mestre usará de modo seguro e cauteloso, mas que acharia imprudente ensiná-la a seus alunos.

Descobrimos com freqüência que o principiante que acabou de dominar as regras formais estritas age de modo meticuloso e formal ao extremo em relação a elas, e o simples crítico, que talvez nunca chegue a começar por si mesmo, pode ser ainda mais pedante. Os críticos clássicos ficaram escandalizados com as "irregularidades" ou "licenças" de Shakespeare. Um aluno inexperiente poderia pensar que os hexâmetros irregulares de Virgílio ou as meias-rimas dos poetas ingleses devam-se à incompetência. Na realidade, é claro, cada um deles está ali com um propósito e quebra a regularidade superficial da métrica em obediência a uma lei mais elevada e sutil, assim como as irregularidades de *Conto de inverno*[2] não diminuem, mas corporificam e aperfeiçoam a unidade interior de seu espírito.

Quero dizer com isso que há regras por trás das regras e uma unidade mais profunda que a uniformidade. O profissional competente jamais quebrará, com uma nota, uma sílaba ou um golpe de pincel, a lei natural e interior da obra que estiver produzindo. Quebrará, porém, sem nenhum escrúpulo quaisquer regularidades e ortodoxias superficiais que críticos pouco imaginativos tomam equivocadamente por suas leis. A medida na qual se pode diferençar uma "licença" de um simples remendo ou falha na unidade depende da extensão em que se alcançou o significado real e interior da obra como um todo. Se tivéssemos apreendido o espírito mais secreto da "obra que Deus realizou desde o início até o fim" como um

[2]Uma das comédias de William Shakespeare (1564-1616) [N. do E.].

todo e da qual a Natureza não passa de uma parte (talvez pequena), estaríamos em posição de decidir se interrupções milagrosas da história da Natureza foram simples deslizes indignos do Grande Artífice ou expressões da mais verdadeira e profunda harmonia em sua obra total. Na verdade, não estamos nessa posição. A diferença entre a mente de Deus e a nossa, de qualquer ponto de vista, deve ser incalculavelmente maior que aquela entre a mente de Shakespeare e a dos mais insignificantes críticos da velha escola francesa.

Quem poderia supor que a ação externa de Deus, vista de dentro, teria a mesma complexidade das relações matemáticas que a Natureza, cientificamente estudada, revela? Seria como pensar que o poeta constrói seu verso sem considerar os pés métricos, dos quais poderíamos analisá-lo, ou que o discurso natural se apóia na gramática como ponto de partida. O melhor de todos os exemplos, porém, é de Bergson. Imaginemos uma comunidade de pessoas cuja limitação mental peculiar as leve a considerar um quadro como algo feito de pequenos pontos coloridos, unidos em forma de mosaico. Ao estudar o estilo do pintor de uma grande obra, elas descobrem, por meio de uma lente de aumento, relações cada vez mais complicadas entre os pontos e, com grande esforço, classificam-nas em padrões de regularidade. O trabalho não será em vão. De fato, essas regularidades "influenciarão" e cobrirão a maioria dos fatos. Entretanto, se tais pessoas concluírem que qualquer afastamento dessas regularidades seria indigno do pintor e uma quebra arbitrária das próprias regras — pois as regularidades que observaram jamais foram a regra seguida pelo artista —, estarão cometendo um erro. O que esses indivíduos, com muito esforço, reconstruíram de um milhão de pontos arranjados em uma complexidade torturante, ele produziu, na verdade, com um movimento de pulso rápido como um relâmpago. Seus olhos, entretanto, visualizam a tela como um todo, e sua mente obedece às leis da composição de uma forma que observadores, mesmo contando os pontos, não percebem e talvez nunca venham a perceber. Não quero dizer que as regras da Natureza sejam irreais. A fonte vivificante da energia divina solidificou-se em corpos que se movem no espaço e no tempo para servir aos propósitos de sua Natureza espaço-temporal. Ela transformou-se, pelo nosso pensamento abstrato, em fórmulas matemáticas que, na realidade, geralmente repetem para nós tais e tais padrões. Ao descobrir esses padrões, estaremos, conseqüentemente, obtendo conhecimento real e útil. Seria um grande erro, no entanto, pensar que um distúrbio desses padrões constituiria uma ruptura da regra natural e da harmonia orgânica por meio da qual Deus opera (de uma perspectiva própria). Se milagres realmente existem, então podemos estar certos de que a verdadeira incompatibilidade seria o fato de Deus *não* realizá-los.

Ficará claro para os que lerem *The Mind of the Maker* [A mente do Criador], um livro indispensável de Dorothy Sayers, como um milagre não pode ser incompatível, mas altamente harmônico. A tese da autora baseia-se na analogia entre a relação de Deus com o mundo e a do autor com sua obra. Quando escrevemos uma história, os milagres ou acontecimentos anormais podem ou não ser artifícios ruins. Se estivéssemos escrevendo um romance realista comum e colocássemos as personagens numa confusão insustentável, seria quase absurdo se, de repente, interrompêssemos a trama e garantíssemos um final feliz, fazendo o herói, por exemplo, recebe uma fortuna de uma fonte inesperada. Contudo, não há nada de errado em usar como tema desde o início as aventuras de alguém que herda uma fortuna inesperada. É perfeitamente normal um acontecimento extraordinário, desde que se esteja escrevendo *sobre* isso. O que constitui um crime artístico é simplesmente introduzir um incidente na cena para se livrar de uma dificuldade. As histórias de fantasmas são uma forma legítima de arte, mas não se deve introduzir um fantasma em um romance comum para superar uma dificuldade no enredo. Assim, não há dúvida nenhuma de que grande parte das objeções modernas aos milagres baseia-se na suspeita de que sejam prodígios do tipo errado, de que uma história de um determinado tipo (da Natureza) sofra, de modo arbitrário, interferências a fim de tirar as personagens de uma situação difícil pela introdução de acontecimentos que não pertencem a esse gênero de história. Algumas pessoas provavelmente pensam na ressurreição como um recurso desesperado de última hora para salvar o Herói de uma situação que tenha fugido ao controle do Autor.

O leitor pode ficar tranqüilo. Eu não acreditaria em milagres se pensasse que fossem assim. Se ocorreram, é porque são exatamente o tema dessa história universal. Não são exceções (embora ocorram raramente) nem fatos irrelevantes. São precisamente aqueles capítulos nessa grande história nos quais se desenvolve o enredo. A Morte e a Ressurreição compõem o tema. Se tivéssemos olhos apenas para ver, isso se insinuaria em cada página, apresentando-se diante de nós em cada cena, às vezes dissimulado e mesmo murmurado em conversas entre personagens secundárias (se é que são) como os vegetais.

Se até agora o leitor não perdeu a fé nos milagres, vale a pena fazer uma pausa para considerar se isso não se deve sobretudo, por pensar haver descoberto o tema real da história. Não estaria julgando que os átomos, o tempo e o espaço, a economia e a política fossem o enredo principal? E então, certificou-se de que estava certo? É fácil cometer erros em tais assuntos. Um amigo meu escreveu uma peça na qual a idéia principal era sobre o herói que tinha um horror patológico por árvores e a mania de cortá-las. Naturalmente, outros elementos também foram introduzidos na trama. Uma história de amor também fazia parte do enredo. As árvores matam o homem no final. Depois de tê-la escrito, meu amigo pediu a um senhor idoso para criticá-la. O homem devolveu a peça com o seguinte comentário: "Não está má, porém eu tiraria aqueles *trechos desnecessários* sobre as árvores". Na verdade, é de esperar que Deus tenha escrito uma história melhor que a de meu amigo. Entretanto, é uma história muito *longa,* com um enredo complicado. E talvez não sejamos os leitores mais atentos.

Capítulo treze
Sobre a probabilidade

> A probabilidade parte da suposição de uma semelhança entre objetos com os quais temos experiência e aqueles com os quais não temos. Portanto, é impossível que essa suposição possa surgir da probabilidade.
>
> Hume, *Tratado da natureza humana*

Nosso argumento até agora mostra que os milagres são possíveis e que não há nada de ridículo nas histórias que declaram que eles foram, por vezes, operados por Deus. Isso não significa, naturalmente, que precisamos acreditar em todas as histórias de milagres. A maioria delas provavelmente é falsa. Para dizer a verdade, a maioria das histórias sobre eventos naturais é falsa. Mentiras, exageros, mal-entendidos e boatos compõem talvez mais da metade de tudo que foi dito e escrito no mundo. Devemos, portanto, encontrar um critério para julgar qualquer história sobre milagres.

De certo modo, nosso critério é simples. Devemos aceitar as histórias em que há evidência histórica suficiente para respaldá-las. No entanto, a seguir, estaremos procurando a resposta à seguinte pergunta: "Quantas evidências devemos exigir para esta história?" —, que depende de nossa resposta à pergunta: "Até que ponto esta história é intrinsecamente provável?". Logo, precisamos descobrir um critério de probabilidade.

O procedimento geral do historiador moderno, mesmo que reconheça a possibilidade de um milagre, é não admiti-lo em nenhuma instância, até que todas as possibilidades de explicação "natural" tenham sido testadas e hajam falhado. Isto é, ele irá aceitar as mais improváveis explicações "naturais" só para não reconhecer que ocorreu um milagre. Alucinação coletiva, hipnose de espectadores sem a devida permissão, disposição para mentir (da parte de pessoas que não têm o hábito de mentir e que nada teriam a ganhar com a mentira) — todas essas hipóteses são bastante improváveis. Tão improváveis que, exceto com o propósito específico de desacreditar um milagre, nunca são sugeridas. Parece, contudo, preferível aceitá-las a admitir um milagre.

Tal atitude, do ponto de vista puramente histórico não passa de simples loucura, a não ser que saibamos desde o início que qualquer Milagre é mais improvável que o mais improvável dos acontecimentos naturais. Temos de fato conhecimento disso?

Devemos distinguir as diferentes formas de improbabilidade. Sendo os milagres, por definição, mais raros que os outros acontecimentos, é improvável que ocorra um milagre em qualquer lugar ou a qualquer tempo. Nesse sentido, todo milagre é improvável. No entanto, essa espécie de improbabilidade não elimina a possibilidade de crença num milagre, pois nesse mesmo sentido todos os acontecimentos foram uma vez improváveis. É imensamente improvável que um meteorito jogado da estratosfera sobre Londres venha a atingir um lugar determinado ou que uma pessoa venha a ganhar uma boa soma de dinheiro na loteria. Entretanto, o relato de que o meteorito caiu do lado de fora de determinada loja ou que Fulano de Tal ganhou na loteria não está fora de nossa realidade. Quando você se detém para pensar no número de encontros e uniões férteis necessários entre seus ancestrais para que você nascesse, percebe que foi, um dia, imensamente improvável o fato de uma pessoa como você existir. Todavia, depois do nascimento, sua existência deixa de ser incrível. Não trataremos aqui das probabilidades antecedentes de chances. Nosso assunto é a probabilidade histórica.

Desde o famoso *Ensaio sobre o entendimento humano*, de Hume, acredita-se que as declarações históricas ligadas aos milagres são as mais intrinsecamente improváveis de todas as declarações históricas. Segundo Hume, a probabilidade apóia-se no que pode ser chamado "voto majoritário" de nossas experiências passadas. Quanto mais algo tenha acontecido, tanto mais provável que aconteça de novo; e, quanto menos ocorreu, tanto menos provável. A regularidade do curso da Natureza, diz Hume, é apoiada por algo melhor que o voto majoritário da experiência passada: o voto unânime, ou, segundo Hume, "a experiência constante e inalterável". Existe, de fato, uma "experiência uniforme" que se opõe ao milagre. De outra forma, diz Hume, não seria milagre. O milagre, portanto, é o mais improvável de todos os acontecimentos. É sempre mais provável a testemunha ter mentido ou se enganado que um milagre ter acontecido.

Caso concordemos com Hume em que existe uma "experiência uniforme" absoluta contra os milagres, se eles jamais aconteceram, então não ocorrerão mesmo. Infelizmente, só sabemos que a experiência contra eles é absolutamente uniforme se tivermos conhecimento de que todos os relatos sobre milagres são falsos. E só poderemos saber se os relatos são falsos se já soubermos que os milagres nunca ocorreram. Estamos dessa maneira argumentando em círculos.

Outra objeção a Hume faz-nos aprofundar ainda mais no problema. Toda a idéia de Probabilidade (segundo Hume) depende do princípio da Uniformidade da Natureza. A não ser que a Natureza siga sempre o mesmo curso, o fato de algo ter acontecido 10 milhões de vezes não o torna nem um pouco mais provável de acontecer outra vez. E, como conhecemos a Uniformidade da Natureza? Se pensarmos um pouquinho, descobriremos que não é por experiência. Observamos diversas regularidades na Natureza. No entanto, todas as observações que fizemos ou faremos enquanto durar a raça humana cobrem apenas uma fração diminuta dos eventos que na verdade estão em andamento. Nossas observações não fariam sentido algum, a não ser que tivéssemos certeza de que a Natureza se comporta da mesma maneira quando a estamos, ou não, observando. Isso seria acreditar na Uniformidade da Natureza. A experiência não pode, portanto, provar uniformidade, pois a uniformidade precisa ser presumida antes que a experiência prove qualquer coisa. E a simples quantidade de experiências não ajuda. Não adianta dizer: "Cada nova experiência confirma nossa crença na uniformidade, e portanto esperamos com razão que ela seja sempre confirmada". Esse argumento funciona apenas com a pressuposição de que o futuro se assemelhará ao passado — o que seria simplesmente a pressuposição da Uniformidade com um novo nome. Podemos dizer que a Uniformidade é, de quaisquer hipóteses, muito provável? Infelizmente, não. Acabamos de ver que todas as probabilidades dependem *dela*. A não ser que a Natureza seja uniforme, nada é provável ou improvável. Obviamente, a pressuposição que precisa ser feita antes que exista probabilidade não pode ela mesma ser provável.

O que nos surpreende é o fato de ninguém saber disso melhor que Hume. Seu ensaio sobre milagres é bastante incompatível com o ceticismo mais radical de suas obras principais.

As perguntas "Milagres acontecem?" e "O curso da Natureza é absolutamente uniforme?" são duas formas de indagar a mesma coisa. Hume, propositadamente, trata-as como perguntas diferentes. Ele responde "Sim" à questão de a Natureza ser absolutamente uniforme, usando a seguir esse "Sim" como base para responder "Não" à pergunta: "Milagres acontecem?". A verdadeira pergunta que teria de ser respondida não é discutida de maneira alguma. Ele responde a uma das formas da pergunta pressupondo a resposta para a outra forma da mesma pergunta.

As probabilidades que Hume analisa estão dentro da estrutura da suposta Uniformidade da Natureza. Quando a questão dos milagres é levantada, estamos perguntando sobre a validade ou sobre a perfeição da própria estrutura. Nenhum estudo das probabilidades em uma determinada estrutura nos pode dizer quão provável é que a própria estrutura seja falha. Suponhamos que, segundo o horário escolar, haja uma aula de francês na manhã de terça-feira, às dez horas. É provável que João, que nunca presta atenção às aulas de francês, esteja com problemas na terça-feira seguinte e que tenha passado pelo mesmo processo nas terças anteriores. No entanto, o que isso nos diz sobre a probabilidade de uma alteração no programa de aulas? Para descobrir isso, você terá de espiar a sala dos professores. Não adianta olhar o horário.

Se nos apegarmos ao método de Hume, longe de alcançar a conclusão por ele esperada (a saber, concluir que todos os milagres são infinitamente improváveis), chegamos a um beco sem saída. A única espécie de probabilidade que ele permite encontra-se exclusivamente dentro da estrutura da uniformidade. Quando esta é questionada (e isso acontece no momento em que perguntamos se os milagres ocorrem), esse tipo de probabilidade é eliminado. E Hume não conhece outro. Por esse método, portanto, não podemos dizer que a uniformidade seja provável ou improvável, assim como não podemos dizer se os milagres são ou não improváveis. Encurralamos *tanto* a uniformidade *quanto* os milagres numa espécie de limbo, no qual nem a probabilidade nem a improbabilidade podem penetrar. Esse resultado é desastroso, tanto para o cientista quanto para o teólogo, mas a teoria de Hume não deixa qualquer possibilidade de escape.

Nossa única esperança será então procurar um tipo diferente de Probabilidade. Deixemos por um momento de questionar se temos direito de crer na Uniformidade da Natureza para perguntar por que os homens crêem nisso. Penso que essa crença tenha três causas, e duas delas são irracionais. Em primeiro lugar, somos criaturas de hábitos. Sempre imaginamos que as novas situações se assemelham às antigas. Essa é uma tendência que partilhamos com os animais. Podemos vê-la operando em nossos cães e gatos, levando muitas vezes a resultados cômicos. Em segundo lugar, quando planejamos nossos atos, temos de desprezar a possibilidade teórica de que a Natureza possa não se comportar de modo costumeiro amanhã, pois não podemos fazer nada a respeito. Não vale a pena preocupar-se porque não nos cabe tomar qualquer providência nesse sentido. Assim, aquilo em que não pensamos logo fica esquecido. A idéia da uniformidade passa então a dominar nossa mente sem encontrar rivais, e cremos nela. Ambas as causas são irracionais e teriam a mesma eficácia tanto na elaboração de uma crença falsa quanto na de uma verdadeira.

Estou convencido, porém, de que existe uma terceira causa. "Na ciência", afirma Arthur Eddington, "nutrimos algumas convicções que não podemos justificar: somos influenciados por um senso inato de adequação das coisas". Esse critério pode parecer muito subjetivo e estético, mas será que existe dúvida de que ele seja uma das principais fontes de nossa crença na Uniformidade? Um Universo em que acontecimentos sem precedentes e imprevisíveis fossem lançados a cada momento na Natureza não só seria inconveniente para nós, como também profundamente detestável. Não aceitaríamos um Universo assim de maneira alguma, pois afronta nosso "senso de adequação das coisas". Antes da experiência e por causa de muitas delas, já nos alistamos do lado da uniformidade. A ciência não opera concentrada nas regularidades da Natureza, mas em suas aparentes irregularidades. É a irregularidade aparente que estimula cada nova hipótese. Isso acontece porque nos recusamos a aceitar as irregularidades. Não descansamos enquanto não formamos e testamos uma hipótese que nos capacite a dizer que na verdade não havia irregularidade alguma. A Natureza, como a percebemos, parece-nos a princípio um aglomerado de irregularidades. O fogão que acendeu tão bem ontem não acende hoje; a água potável do ano passado passou a ser venenosa este ano. Todo o conjunto da experiência aparentemente irregular jamais poderia ser transformado em conhecimento científico, a não ser que desde o início possuíssemos uma fé na uniformidade que decepção alguma pudesse abalar.

Essa fé — a preferência — é algo em que podemos confiar? Ou será apenas o modo em que nossa mente trabalha? É inútil dizer que até agora ela tem sido sempre confirmada pelos acontecimentos, pois isso não basta, a não ser que você (pelo menos silenciosamente) acrescente: "E sempre será assim". Não será possível fazer esse acréscimo se não soubermos de antemão que nossa fé na uniformidade se encontra bem alicerçada. E essa é a pergunta que estamos fazendo agora. Esse nosso sentido de adequação corresponde a tudo que existe na realidade exterior?

A resposta depende da Metafísica que defendemos. Se tudo que existe é Natureza, que inconscientemente entrelaça diversos eventos; se nossas convicções mais profundas são apenas subprodutos de um processo irracional, não haverá a menor base para supor que nosso senso de adequação e nossa fé na uniformidade nos digam qualquer coisa sobre uma realidade externa a nós mesmos. Nossas convicções não passam de um fato a *nosso* respeito, como a cor de nosso cabelo. Se o Naturalismo for verdadeiro, não temos motivos para confiar em nossa convicção de que a Natureza é uniforme.

Ela só pode ser aceita se uma Metafísica muito diferente for verdadeira. Se o fato mais profundo da realidade, o Fato que é a fonte de todos os demais, for algo parecido conosco — um Espírito Racional de quem derivamos nossa espiritualidade racional —, então nossa convicção poderá ser aceita. Nossa rejeição à desordem é derivada do Criador da Natureza e da raça humana. O mundo desorganizado, no qual não nos sujeitaríamos acreditar, é aquele que Ele jamais estaria disposto a criar. Nossa convicção de que o horário escolar não será alterado perpetuamente ou sem um propósito definido é racional porque (num certo sentido) espiamos a sala dos professores.

As ciências exigem uma metafísica dessa espécie. Para nosso maior filósofo natural, é a metafísica de que elas foram originalmente desenvolvidas. O professor Whitehead[1] ressalta que séculos de crença num Deus que combinava "a energia pessoal de Javé" com a "racionalidade de um filósofo grego" produziram a firme convicção de uma ordem sistemática que tornou possível o nascimento da ciência moderna. Os homens tornaram-se científicos porque presumiam a existência de uma Lei na Natureza e tinham essa expectativa porque criam num Legislador. Essa crença morreu para a maioria dos cientistas de hoje. Será interessante ver por quanto tempo continuarão a acreditar na uniformidade. Dois resultados significativos já apareceram: a hipótese de uma subnatureza sem leis e a negação da crença de que a ciência é verdadeira. Podemos estar mais próximos do fim da Era da Ciência do que supomos.

[1]*Science and the Modern World*, cap. 2.

Se admitimos a existência Deus, então, devemos admitir os Milagres? Na verdade, não há como deixar de fazê-lo. Essa é a troca. A teologia diz: "Admita Deus e com Ele o risco de alguns milagres, e em troca ratificarei sua crença na uniformidade, no que diz respeito à maioria esmagadora de acontecimentos". A filosofia que proíbe o absolutismo da uniformidade é também aquela que lhe oferece uma base sólida para crer que a uniformidade é geral e *quase* absoluta. O Ser que ameaça a alegação de onipotência por parte da Natureza confirma essa onipotência em situações legítimas. Dê-nos esse barril de piche, e salvaremos o navio. A alternativa a essa opção é realmente muito pior. Tente tornar a Natureza absoluta e descobrirá que sua uniformidade não é sequer provável. Reivindicando demais não se consegue nada. Chega-se a um beco sem saída, como Hume. A teologia oferece uma opção que dá ao cientista liberdade para continuar suas experiências, e ao cristão, suas orações.

Sugiro que encontremos também o que estávamos buscando — um critério pelo qual julgar a probabilidade intrínseca de um suposto milagre. Devemos julgá-lo pelo nosso "senso inato da adequação das coisas", esse mesmo senso de adequação que nos levou a pressupor que o Universo teria ordem. Não quero dizer que devemos usar esse senso para decidir se os milagres são possíveis. Sabemos que são, pela base filosófica. Nem pretendo insinuar que um senso de adequação substitui a pesquisa cuidadosa com evidência histórica. Como já mencionei diversas vezes, a evidência histórica não pode ser julgada, a não ser que primeiro calculemos a probabilidade intrínseca do evento em estudo. Ao fazer essa estimativa com relação a cada história de milagre, nosso senso de adequação entra em cena.

Se ao conceder tal importância ao senso de adequação eu estivesse inovando, então ficaria inseguro. Todavia, na realidade, estou apenas fazendo um reconhecimento formal de um princípio que todos utilizam. Não importa o que se *diga*, ninguém pensa que a doutrina cristã da Ressurreição está no mesmo nível de algumas tolices piedosas, como a história de madre Egarée Louise, que encontrou milagrosamente seu segundo dedal favorito com a ajuda de santo Antônio. Os religiosos e os incrédulos concordam perfeitamente nesse ponto. O grito de alegria com que o cético desenterraria a história do dedal e a "timidez" com que o cristão a manteria fora de cena revelam um ponto de vista comum. Mesmo os que consideram absurdas todas as histórias de milagres julgam algumas bem mais absurdas que outras. Mesmo os que crêem em todas elas (se é que existe alguém assim) pensam que algumas histórias de milagres exigem uma fé mais robusta. O critério usado tanto pelo cristão quanto pelo cético é o da adequação. Mais da metade da descrença em milagres baseia-se no senso de sua inadequação, na convicção (em decorrência de uma falsa filosofia, como já argumentei) de que eles não se coadunam com a dignidade de Deus ou da Natureza ou por causa da indignidade e da insignificância do homem.

Nos três capítulos que se seguem, tentarei apresentar os milagres centrais da Fé Cristã de forma a expor sua "adequação". Não pretendo, porém, começar estabelecendo as condições que a "adequação" deve satisfazer de maneira abstrata, para depois encaixar os milagres nesse esquema.

Nosso "senso de adequação" é algo excessivamente delicado e indefinível para ser submetido a tal tratamento. Se obtiver êxito, a adequação — e se fracassar, a inadequação — desses milagres irá tornar-se aparente por si mesma enquanto os estudamos.

Capítulo catorze
O grande milagre

> Uma luz que brilhou por trás do Sol; o Sol não foi ardente o bastante para penetrar onde aquela luz conseguiu entrar.
>
> Charles Williams

O principal milagre professado pelos cristãos é a Encarnação. Afirmam que Deus se fez homem e que todos os outros milagres são uma preparação para isso, manifestam esse fato ou dele resultam. Da mesma forma que todo evento natural é a manifestação num lugar e momento específicos da Natureza como um todo, cada milagre cristão manifesta, num determinado lugar e momento, o caráter e a importância da Encarnação. Não existe dúvida no Cristianismo a respeito de interferências arbitrárias espalhadas por toda parte. Os milagres não se relacionam com uma série de incursões independentes na Natureza, mas com as várias fases de uma invasão estrategicamente coerente — uma invasão que busca uma conquista completa, a "ocupação" de todos os espaços. A adequação e, portanto, a credibilidade de milagres específicos dependem de sua relação com o Grande Milagre. Assim, discutir os milagres isoladamente é inútil.

A adequação ou a credibilidade do Grande Milagre não pode ser julgada pelo mesmo padrão. Admitamos logo de início que é muito difícil descobrir um padrão pelo qual ele possa ser julgado. Se o fato aconteceu, foi o evento central da História humana — justamente aquilo em torno do qual tudo gira. Como aconteceu uma única vez, é infinitamente improvável pelas leis de Hume. Mas toda a História humana também aconteceu uma só vez: seria ela, então, inacreditável? Esta é, pois, a dificuldade que pesa tanto sobre cristãos quanto sobre ateus: calcular a probabilidade da Encarnação. Seria o mesmo que perguntar se a existência da própria Natureza é intrinsecamente provável. Por isso, é mais fácil discutir, no âmbito histórico, que a Encarnação realmente ocorreu do que mostrar, no âmbito filosófico, a probabilidade de sua ocorrência. A dificuldade histórica de atribuir à vida, aos ensinamentos e à influência de Jesus qualquer explicação que seja tão simples quanto a do Cristianismo é imensa. A discrepância entre a profundidade, a sanidade e (permitam-me acrescentar) a *perspicácia* dos ensinamentos morais de Jesus e a desmedida megalomania subjacente aos seus ensinos teológicos — se Ele não for de fato Deus — jamais foi satisfatoriamente superada. Logo, as hipóteses não cristãs sucedem-se umas às outras com a fertilidade incansável da confusão. Pedem-nos hoje que consideremos todos os elementos teológicos como adições posteriores à história de um Jesus simplesmente humano e "histórico". Até bem pouco tempo, pediam-nos que acreditássemos que tudo começou com mitos vegetais e religiões de mistérios e que o Homem pseudo-histórico surgiu apenas mais tarde. Essa pesquisa histórica, porém, está fora do escopo desta obra.

Uma vez que a Encarnação, caso seja um fato, ocupa uma posição central, e uma vez que estamos supondo não saber ainda, com base na História, se ela aconteceu, encontramo-nos numa situação que pode ser ilustrada pela seguinte analogia. Imaginemos estar em posse de partes de um romance ou de uma sinfonia, quando alguém nos traz um pedaço de manuscrito recém-descoberto e diz: "Esta é a parte que faltava na obra. Este é o capítulo em torno do qual todo o enredo foi composto". Ou: "Este é o tema principal da sinfonia". Nossa tarefa seria verificar se o novo texto, uma vez reconhecido como parte central da obra, tal como alegado por quem o descobriu, esclarece realmente todas as partes que já conhecemos e consegue "agrupá-las". É bem provável que não nos detivéssemos num equívoco. Se o novo texto fosse ilegítimo, por mais atraente que parecesse à primeira vista, tornar-se-ia cada vez mais difícil conciliá-lo com o restante da obra, à medida que analisássemos o todo. No entanto, se fosse genuíno, então cada vez que ouvíssemos a música ou lêssemos o livro, perceberíamos a perfeita combinação, a maneira confortável de acomodar-se ao restante da obra, dando significado a detalhes até então negligenciados. Mesmo que o novo capítulo — ou tema — central apresentasse grandes dificuldades, continuaríamos a considerá-lo autêntico, pelo fato de mostrar-se cada vez mais esclarecedor em outros pontos. Precisamos fazer o mesmo a respeito da doutrina da Encarnação. Em vez de uma sinfonia ou de um romance, temos a soma de nosso conhecimento. A credibilidade dependerá de quanto a doutrina, caso aceita, ilumine e se integre a esse todo. É muito menos importante compreender plenamente a doutrina em si mesma. Acreditamos que o Sol esteja no céu ao meio-dia de verão não porque podemos vê-lo claramente (na verdade, não o podemos), mas porque conseguimos ver todas as outras coisas.

A primeira dificuldade que vem à mente de qualquer crítico da doutrina encontra-se no próprio núcleo dela. O que significa "Deus tornar-se homem"? Em que sentido é concebível que o auto-existente Espírito eterno, que existe por si mesmo, o Fato básico, possa combinar-se com um organismo humano natural e formar uma pessoa? Essa seria uma pedra de tropeço fatal se já não tivéssemos descoberto em todo ser humano uma atividade mais do que natural: o ato do raciocínio. No homem, portanto, um agente mais que natural se une com uma parte da Natureza, união tal que permite à criatura composta chamar a si mesma "Eu" e "Mim". Não estou, na verdade, sugerindo que o que aconteceu quando Deus se tornou Homem foi simplesmente outra instância desse processo. Nos outros homens, uma *criatura* sobrenatural se torna, em união com a criatura natural, um ser humano. Em Jesus, segundo se afirma, o próprio Criador Sobrenatural fez isso. Nada do que fizermos, creio, nos permitirá imaginar o modo de percepção do Deus encarnado. Nesse ponto, a doutrina não pode ser compreendida plenamente. Entretanto, a dificuldade que sentimos com a simples idéia da descida do Sobrenatural até o Natural aparentemente não existe ou é, no mínimo, superada na pessoa de cada homem. Se não soubéssemos por experiência própria como é ser um animal racional; se não soubéssemos como todos os fatos naturais — toda a bioquímica, afeição ou rejeição instintivas e a percepção sensorial — podem tornar-se agente do pensamento racional e da vontade moral, que compreendem as relações necessárias e reconhecem padrões de comportamento universalmente obrigatórios, não poderíamos conceber e muito menos imaginar tal coisa acontecendo. A discrepância entre um movimento de átomos no córtex de um astrônomo e sua compreensão de que deve haver um planeta ainda não observado além de Urano já é tão imensa que a Encarnação de Deus, Ele mesmo, por um lado, deixa de ser tão surpreendente. Não podemos conceber como o Espírito Divino habitou o espírito criado e humano de Jesus, mas também não conseguimos conceber como seu espírito humano, ou o de qualquer outro homem, habita o interior do organismo natural. O que podemos compreender, caso a doutrina cristã seja verdadeira, é que nossa própria existência composta não é a anomalia que parece ser, e sim uma imagem diáfana da própria Encarnação Divina — o mesmo tema numa escala muito reduzida. Podemos entender que, se Deus se humilha tomando a forma de espírito humano, e o espírito humano, a forma de Natureza, e nossos pensamentos, a forma de sentidos e paixões; se as melhores mentes adultas podem igualar-se pela afinidade com as crianças, assim como os homens se harmonizam com os animais, então tudo se une, e a realidade total — Natural e Sobrenatural — em que vivemos é mais variada e sutilmente harmoniosa do que havíamos suspeitado. Tomamos conhecimento de um novo princípio-chave: o poder do Altíssimo — apenas na medida em que for o maior poder — capaz de humilhar-se e harmonizar-se com um poder menor. De igual modo, os corpos sólidos exemplificam muitas verdades da geometria plana, mas as figuras planas não explicam verdades da geometria tridimensional: muitas proposições inorgânicas são verdadeiras quanto aos organismos, mas as proposições orgânicas não se aplicam aos minerais. Montaigne brincava com sua gatinha, mas ela nunca discutia filosofia com ele.[1] Em toda parte, o grande acolhe o pequeno, e essa capacidade é praticamente a prova de sua grandeza.

Na história cristã, Deus desce para subir novamente. Ele desce das alturas de sua posição de ser absoluto no tempo e no espaço até a humanidade. Desce mais ainda, caso os estudiosos de embriologia tenham razão, a fim de recapitular no ventre fases antigas e pré-humanas de vida. Desce às próprias raízes da Natureza por Ele criada. Desce, todavia, a fim de subir de novo e erguer com Ele o mundo arruinado. Isso nos faz pensar na imagem de um homem forte, curvando-se cada vez mais a fim de se colocar debaixo de um fardo enorme e pesado. Ele precisa abaixar-se para poder se levantar e quase desaparecer debaixo do fardo antes de endireitar as costas e seguir adiante com a imensa massa a envergar-lhe os ombros. Pode-se também pensar num mergulhador, primeiro se despindo, depois olhando para o ar e por fim deixando a água verde e cálida e precipitando-se na água negra e fria, cada vez mais para o fundo, sob uma pressão sempre crescente, até chegar à região mórbida de lodo, limo e decadência. A seguir ele sobe, volta à cor e à luz, com os pulmões quase explodindo, até que surge à superfície, tendo nas mãos o objeto precioso, completamente molhado, que foi buscar lá embaixo. Tanto ele quanto o objeto agora possuem colori-

[1] *Ensaios*, I, p. xii, Apologia a Raimond de Sebonde.

do, uma vez que voltaram à luz; lá embaixo, contudo, onde jaz a escuridão, ele também havia perdido sua cor.

Nesse processo de descida e ascensão, todos reconhecem um padrão familiar, presenciado no mundo todo. Trata-se do ciclo de vida vegetal. A planta precisa reduzir-se à solidez e à pequenez até parecer morta. Deve cair no solo para então surgir a nova vida. O padrão de reprodução animal é o mesmo. Há uma descensão dos organismos completos e perfeitos para o espermatozóide e o óvulo, e no ventre escuro uma vida, a princípio inferior à de sua espécie, está sendo reproduzida. Depois, a ascensão lenta ao embrião perfeito, até a criança viva e consciente e finalmente ao adulto. O mesmo acontece em nossa vida moral e emocional. Os primeiros desejos espontâneos e inocentes necessitam submeter-se ao enfraquecimento do processo de controle ou de esvaziamento total. A seguir, contudo, vem a ascensão ao caráter plenamente formado em que toda a força do material original opera, porém de maneira diferente. Morte e Renascimento, descer para subir — um princípio-chave. A via expressa quase sempre é alcançada por esse túnel estreito, por essa passagem.

Quando aceita, a doutrina da Encarnação centraliza esse princípio com ênfase ainda maior. O padrão está na Natureza porque se achava em Deus no princípio. Todas as suas instâncias, por mim mencionadas, acabam sendo simples transposições do tema Divino em escala menor. Não me refiro agora apenas à Crucificação e à Ressurreição de Cristo. O padrão total, do qual esses dois fenômenos são apenas o ponto crítico, é a verdadeira Morte e o Novo Nascimento, pois com certeza nenhuma semente jamais caiu de uma árvore bela num solo tão escuro e frio que pudesse fornecer uma analogia equivalente a esse gigantesco rebaixamento e conseguinte ascensão em que Deus penetrou no fundamento milenar da Criação.

Desse ponto de vista, a doutrina cristã acomoda-se tão bem em meio às mais profundas apreensões da realidade obtidas de outras fontes, que podem surgir dúvidas em outra direção. Não estará ela se adequando bem demais? Tão bem a ponto de poder penetrar a mente humana como resultado de ter visto esse comportamento em outro lugar, como na morte e ressurreição anual do trigo?[2] Pois esse drama anual (tão importante para a vida das tribos) em muitas religiões constituía praticamente o tema central, e a divindade — Osíris, Adônis ou qualquer outra — era quase que sem disfarce uma personificação do trigo, um "rei do trigo" que morria e ressurgia a cada ano. Não será Cristo simplesmente outro rei do trigo?

Isso nos leva à maior singularidade do Cristianismo. Em certo sentido, o ponto de vista que acabei de descrever é realmente verdadeiro. De certo modo, Cristo é "o mesmo tipo de coisa" que Adônis ou Osíris (deixando de lado, é claro, o fato de que ninguém sabe onde nem quando os dois viveram e de que Jesus foi morto por um magistrado romano, num ano que pode ser aproximadamente datado). Aí está a dificuldade. Se o Cristianismo é uma religião desse tipo, por que a analogia da semente caindo ao solo é tão raramente mencionada (duas vezes apenas, se não me engano) no Novo Testamento? As religiões que cultuam o trigo são populares e

[2]No original, *corn*. Designação às sementes ou às plantas cujos grãos servem de alimento. O trigo é um dos grãos mais usados na alimentação do homem desde a Antiguidade [N. do E.].

respeitadas. Se era isso que os primeiros mestres cristãos estavam ensinando, qual o motivo de ocultarem o fato? A impressão que se tem é que eles simplesmente não sabiam quão próximos estavam dessas religiões: homens que ignoravam as ricas fontes de imagens e associações com que deparavam quase a todo momento. Se você disser que suprimiram isso por serem judeus, tal conceito servirá apenas para aprofundar o mistério. Por que a única religião de um "Deus agonizante", que conseguiu sobreviver e elevar-se a alturas espirituais incomparáveis, seria manifesta precisamente entre aquele povo a quem todas as idéias ligadas a esse "Deus agonizante" eram estranhas? Eu mesmo, que li seriamente o Novo Testamento pela primeira vez quando me achava completamente empolgado com o padrão da Morte e do Novo Nascimento e ansioso para descobrir o rei do trigo, fiquei desanimado e confuso com a ausência quase total de tais idéias nos documentos cristãos. Um momento particular destacou-se: o "Deus agonizante", o único Deus agonizante com a possibilidade de ser histórico, segura o pão, isto é, o trigo, em sua mão e diz: "Isto é o meu corpo". Com certeza aqui, mesmo que em nenhum outro lugar, ou pelo menos nos primeiros comentários a essa passagem ao longo de um enfoque devocional posterior, a verdade deve irromper: a ligação entre esse conceito e o drama anual das colheitas deve ser feita. Todavia, não é. Para mim, a conexão está ali, mas não há sinal de que o esteja para os discípulos ou (humanamente falando) para o próprio Cristo. É quase como se Ele não compreendesse o que havia dito.

Os registros mostram-nos de fato uma Pessoa que *representa* o papel do Deus Agonizante, mas cujos pensamentos e palavras permanecem completamente fora do círculo das idéias religiosas a que o Deus Agonizante pertence. Exatamente aquilo que é o núcleo de todas as religiões da Natureza parece ter na verdade acontecido uma vez. No entanto, aconteceu num círculo em que nenhum traço de religiões ligadas à Natureza se achava presente. É como se você tivesse encontrado um monstro marinho e descoberto que ele não acreditava em monstros marinhos; como se a história registrasse a existência de um homem que tivesse feito todas as coisas atribuídas a *Sir* Lancelot, mas que o próprio Lancelot jamais tivesse ouvido falar em cavalheirismo.

Existe, porém, uma hipótese que, caso seja aceita, torna tudo fácil e coerente. Os cristãos não alegam apenas que "Deus" encarnou em Jesus. Eles afirmam que o Deus único e verdadeiro é Aquele que os judeus adoravam como Javé e que foi Ele quem desceu à Terra. O caráter duplo de Javé é este: por um lado, Ele é o Deus da Natureza, seu feliz Criador. É Ele quem envia a chuva aos campos até os vales ficarem tão cheios de trigo que riem e cantam. As árvores da floresta rejubilam-se diante dele, e sua voz faz o gamo selvagem gerar filhotes. Ele é o Deus do trigo, do vinho e do óleo. Nesse aspecto, está constantemente fazendo todas as coisas que os Deuses-Natureza fazem. Ele é Baco, Vênus, Ceres, todos de uma só vez. Não encontramos no Judaísmo qualquer traço da idéia contida nas religiões panteístas e pessimistas de que a Natureza é uma espécie de ilusão ou desastre, que a existência finita é má em si mesma e que a cura está no retorno de todas as coisas a Deus. Comparado com tais conceitos antinaturais, Javé poderia ser quase concebido erroneamente como um Deus-Natureza.

Por outro lado, Javé claramente *não* é um Deus-Natureza. Ele não morre e volta à vida a cada ano, como um verdadeiro rei do trigo deve fazer. Ele pode dar o vinho e a fertilidade, mas não deve ser adorado com bacanais nem com ritos afrodisíacos. Ele não é a alma da Natureza nem parte alguma dela. Javé habita a eternidade: o lugar alto e santo. O céu é Seu trono, não Seu veículo; a Terra, o estrado de Seus pés, não Sua vestimenta. Um dia, Ele irá destruir ambos e fazer um novo céu e uma nova terra. Ele não deve nem mesmo ser identificado como a "centelha divina" no homem, pois Ele é "Deus, e não homem". Seus pensamentos não são os nossos, toda a nossa retidão não passa de trapos de imundície. A visão que Ezequiel teve Dele foi acompanhada de uma linguagem figurada, que não se compara a algo existente na Natureza, mas associa-se às máquinas que os homens haveriam de inventar séculos depois da morte do profeta. Mistério este raramente percebido.[3] Ezequiel viu algo bem parecido com um *dínamo*.

Javé não é nem a alma da Natureza nem seu inimigo. Esta não é nem o corpo nem um desvio ou afastamento dele. Ela é Sua criatura. Ele não é um Deus-Natureza, mas o Deus da Natureza. Seu inventor, criador, proprietário e controlador. Para todos os que lêem este livro, esse é um conceito conhecido desde a infância. Acreditamos, portanto, que se trata do conceito mais simples do mundo. "Se as pessoas devem crer num Deus", perguntamos, "em que outro tipo de Deus creriam?". Mas a resposta da História é: "Praticamente em qualquer outro tipo". Confundimos nossos privilégios com nossos instintos, assim como encontramos senhoras que julgam ter nascido bem-educadas, esquecendo-se de que as boas maneiras tiveram de ser aprendidas.

[3]Devo essa contribuição ao cônego Adam Fox [N. do A].

Se existe então um Deus assim e se Ele desce para subir de novo, podemos compreender por que Cristo é ao mesmo tempo tão semelhante ao Rei-Trigo e tão silencioso a respeito desse rei. Ele se parece com o Rei-Trigo porque o Rei-Trigo é um retrato dEle. A semelhança não é nem um pouco irreal ou acidental, pois o Rei-Trigo deriva dos fatos da Natureza (por meio da imaginação humana), e esses fatos, de seu Criador. O padrão da Morte e do Novo Nascimento acha-se na Natureza porque primeiro se encontrava nEle. No entanto, elementos das religiões ligadas à Natureza acham-se ausentes dos ensinos de Jesus e da preparação judaica que levaram à manifestação de Cristo, justamente porque o Original da Natureza se manifestou. Neles, desde o início, é possível transcender as religiões ligadas à Natureza e a própria Natureza. Onde o Deus real está presente, as sombras desse Deus não aparecem, apenas aquilo com que as sombras se assemelham. Através de toda a sua história, os hebreus foram sempre desviados da adoração dos deuses da Natureza — não porque os deuses-Natureza fossem diferentes em todos os aspectos do Deus da Natureza, mas porque, na verdade, eram no máximo semelhantes, e fazia parte do destino daquela nação ser afastada das semelhanças para se aproximar do próprio Deus.

A referência a essa nação leva-nos a um daqueles aspectos da história cristã que causam aversão à mente moderna. Para falar com absoluta franqueza, não gostamos de modo algum da idéia de um "povo escolhido". Democratas por nascimento e por educação, preferimos pensar que todas as nações e indivíduos começam no mesmo nível em sua busca de Deus ou mesmo que todas as religiões são igualmente verdadeiras.

É preciso imediatamente admitir que o Cristianismo não faz concessão alguma a esse ponto de vista. O Cristianismo não fala de uma busca humana por Deus, mas de algo que Deus fez pelo Homem e para o Homem. E a maneira pela qual esse processo se realiza é seletiva e antidemocrática no seu mais alto grau. Depois de o conhecimento de Deus ter-se perdido ou obscurecido universalmente, um homem é escolhido dentre todos (Abraão). Ele é separado (tristemente, podemos pensar) de seu ambiente natural, enviado a um país distante e transformado no ancestral de uma nação que transmitiria o conhecimento do Deus verdadeiro. Dentro dessa nação, há outro processo seletivo: alguns morrem no deserto, outros permanecem na Babilônia. E outras seleções são feitas. O processo afunila-se cada vez mais, até se fechar como a ponta brilhante de uma lança. Uma jovem judia em oração. A humanidade toda (pelo menos no que se refere à redenção) reduz-se a isso.

Tal procedimento difere muito das exigências dos sentimentos modernos, mas é surpreendentemente parecido com o que faz a Natureza habitualmente. A seleção, e com ela (devemos conceder) enorme desperdício, é seu método. De todo esse espaço imenso, apenas uma pequena parte é ocupada por matéria. De todas as estrelas, apenas poucas — ou talvez somente uma — possuem planetas. Dos planetas de nosso sistema, provavelmente apenas um contém vida orgânica. Na transmissão da vida orgânica, um número incontável de sementes e espermatozóides é emitido, mas só alguns alcançam o privilégio da fertilidade. Entre as espécies, só uma é racional. Dentro dessa espécie, poucos alcançam a excelência da beleza, da força ou da inteligência.

Nesse ponto, aproximamo-nos perigosamente do argumento da famosa *Analogia*, de Butler. Digo "perigosamente" porque o argumento desse livro praticamente admite a paródia na forma: "Você diz que o comportamento atribuído ao Deus cristão é tanto perverso quanto tolo, mas não é menos provável por causa disso, pois posso mostrar que a Natureza (por Ele criada) apresenta o mesmo mau comportamento". Ao que o ateu responderá (e quanto mais perto de Cristo estiver seu coração, tanto mais fará isso): "Se existe um Deus assim, eu O desprezo e O desafio". Não estou, porém, dizendo que a Natureza, como a conhecemos, seja boa. Esse é um ponto que voltaremos a mencionar em breve. Também não estou dizendo que um Deus cujos atos não sejam melhores que os da Natureza constituiria um objeto de adoração apropriado para qualquer homem sincero. A idéia é um pouco mais refinada que essa. A qualidade seletiva ou não democrática na Natureza, pelo menos no que afeta a vida humana, não é boa nem má. Enquanto o espírito explora ou deixa de explorar essa situação Natural, ele faz surgir uma ou outra, permitindo, por um lado, a competição impiedosa, a arrogância e a inveja e, por outro, a modéstia e (um de nossos maiores prazeres) a admiração. Um mundo em que eu fosse *realmente* (e não apenas mediante uma ficção legal útil) "tão bom quanto qualquer outro", no qual eu jamais pudesse encontrar alguém mais sábio, mais sagaz, mais corajoso ou mais culto que eu, seria insuportável. Os "fãs" das estrelas de cinema e dos jogadores de futebol sabem muito bem que não faz sentido desejar isso! O que a história cristã faz não é colocar no nível Divino a crueldade e o desperdício que já nos causaram insatisfação na Natureza, e sim nos mostrar que os atos de Deus, sem crueldade ou desperdício, operam pelo mesmo princípio que a Natureza, embora esta trabalhe tanto de um jeito como de outro. Isso ilumina o cenário natural, sugerindo que um princípio que no início parecia sem significado pode, todavia, ser extraído de outro que é bom e justo; pode ser de fato uma cópia depravada e obscura dele — a forma patológica que se tornaria uma Natureza *arruinada*.

Quando estudamos a seleção que os cristãos atribuem a Deus, não descobrimos nela o "favoritismo" que tanto temíamos. O povo "escolhido" não foi selecionado por mérito próprio (e certamente não por sua reputação ou por sua vontade), mas por causa dos que não o foram. Foi dito a Abraão "que na sua semente" (a nação escolhida) "todos os povos da terra [seriam] abençoados". Essa nação foi escolhida para carregar um pesado fardo. Seus sofrimentos são grandes, mas, como reconheceu Isaías, levam cura aos outros. Sobre a mulher finalmente escolhida recai profunda angústia maternal. Seu Filho, o Deus encarnado, é um "homem de dores". O único Homem de quem a Divindade emanava e que pode ser legalmente adorado está predestinado ao sofrimento.

Você pode então perguntar: "Isso muda alguma coisa? Não continua sendo injustiça, de outra perspectiva?". Se acusamos Deus, à primeira vista, de favor indevido aos seus "escolhidos", somos agora tentados a acusá-Lo de desfavorecimento excessivo. (A tentativa de manter ambas as acusações ao mesmo tempo deve ser rejeitada.) Com certeza, chegamos aqui a um princípio grandemente arraigado no Cristianismo, que pode ser chamado *Princípio Vicário*. O Homem sem pecado sofre pelos pecadores e, em escala menor, todos os homens bons pelos maus. O Princípio Vicário, não menos que a Morte, o Novo Nascimento ou a Seleção, é também uma característica da Natureza. A auto-suficiência (viver pelos próprios recursos) é, nesse âmbito, impossível. Tudo depende de todo o resto, está em dívida com o resto e é sacrificado por ele. Devemos neste momento reconhecer que o princípio em si mesmo não é nem bom nem mau. O gato vive do rato de um modo que considero mau. As abelhas e as flores vivem à custa umas das outras de maneira mais agradável. O parasita vive no "hospedeiro", mas também o feto em sua mãe. Sem o Princípio Vicário, não haveria exploração nem opressão na vida social, mas também não existiria bondade nem gratidão. Ele é tanto uma fonte de amor quanto de ódio, tanto de tristeza quanto de felicidade. Quando tivermos compreendido isso, não mais julgaremos que os exemplos depravados do Princípio Vicário na Natureza nos impedem de admitir que o princípio em si tenha origem divina.

Parece pertinente voltarmos o olhar para esse ponto e notar como a doutrina da Encarnação já está atuando no restante de nosso conhecimento. Já colocamos essa doutrina em contato com quatro outros princípios: a Natureza composta do homem, o padrão de rebaixamento e ascensão, a Seleção e o Princípio Vicário. O primeiro pode ser considerado um fato relativo à fronteira entre a Natureza e o Sobrenatural. Os outros três são características da própria Natureza. A maioria das religiões, ao deparar com os fatos da Natureza, simplesmente os confirma, dando-lhes um prestígio transcendente (da forma como são), ou os negam, prometendo libertação tanto desses fatos quanto de toda a Natureza. As religiões ligadas à Natureza seguem a primeira linha de pensamento. Elas santificam os produtos agrícolas e, na verdade, toda a vida biológica. As pessoas realmente se embebedam na adoração de Dionísio e se deitam com mulheres de verdade no templo da deusa da fertilidade. Na adoração da força da Vida, que é o tipo moderno e ocidental das religiões ligadas à Natureza, aderimos à tendência existente em relação ao desenvolvimento da complexidade na vida orgânica, social e industrial e fazemos dela um deus. As religiões antinaturais ou pessimistas, que são mais civilizadas e sensíveis, tais como o Budismo ou o Hinduísmo mais elevado, afirmam que a Natureza é má e ilusória e que existe um meio de escape desta mutação incessante, desta fornalha de lutas e desejos. Nem uma nem outra lança luz sobre os fatos da Natureza. As religiões ligadas à Natureza apenas reforçam aquela visão que adotamos espontaneamente em nossos momentos de saúde exuberante e alegre brutalidade. As religiões antinaturais fazem o mesmo quanto à visão que aparece nos momentos de compaixão, enfado ou labuta. A doutrina cristã não faz nada disso. Se alguém nos abordar com a idéia de que Javé, por ser o Deus da fertilidade, irá permitir que sejamos lascivos, ou com a alegação de que a Seletividade e o Princípio Vicário do método de Deus irão desculpar-nos por imitar (como "Heróis", "Super-Homens" ou parasitas sociais) a Seleção e o Princípio Vicário inferiores da Natureza, irá ficar pasmado e sentir-se-á repelido pela exigência cristã, que é inflexível ao pedir castidade, humildade, misericórdia e justiça. No entanto, se considerarmos a morte que precede todo novo nascimento — ou a desigualdade, ou nossa dependência de outros e a dependência deles quanto a nós — como simples necessidades odiosas de um cosmos maligno, esperando ser libertados para uma espiritualidade transparente e "iluminada" onde todas essas coisas desaparecem, ficaremos igualmente desapontados. Alguém nos dirá que, num certo sentido, e apesar das enormes diferenças, "é tudo a mesma coisa"; que a desigualdade hierárquica, a necessidade da auto-entrega, o sacrifício espontâneo do "eu" pelos outros e a aceitação grata e amorosa (mas sem sentimento algum de vergonha) dos sacrifícios de outros por nós predominam nos domínios acima da Natureza. Só o amor na verdade faz a diferença: todos aqueles princípios que são malignos no mundo do egoísmo e da necessidade são bons no mundo do amor e da compreensão. Portanto, quanto aceitamos a doutrina de um mundo superior, fazemos descobertas sobre o mundo inferior. É da montanha que primeiro entendemos a paisagem desse vale. Aqui, finalmente, descobrimos (como não conseguimos nas religiões ligadas à Natureza nem nas que a negam) uma verdadeira iluminação: a Natureza está sendo iluminada por uma luz que a transcende; alguém, que conhece mais a respeito da Natureza do que dela se pode conhecer, está falando.

Por meio dessa doutrina, fica implícito que a Natureza está contaminada pelo mal. Aqueles grandes princípios-chave que existem como modalidades do bem na Vida Divina (que de qualquer ponto de vista deveríamos esperar) tomam, em suas operações, não apenas uma forma menos perfeita, mas também formas que sou levado a descrever como mórbidas ou depravadas. Essa depravação não poderia ser totalmente removida sem uma reformulação drástica da Natureza. A virtude humana poderia banir da vida do homem todos os males que surgem agora devidos ao Princípio Vicário e à Seletividade, retendo apenas o que é bom. No entanto, o desperdício e o sofrimento da Natureza inumana permaneceriam e iriam continuar contaminando a vida humana na forma de doenças. O destino prometido ao homem pelo Cristianismo envolve claramente uma "redenção" ou "reforma" da Natureza que não poderia interromper-se no homem ou mesmo neste planeta. É-nos dito que "a criação inteira" está em dores de parto e que o novo nascimento do Homem será o sinal para seu novo nascimento. Isso dá lugar a diversos problemas, cuja discussão lança luz à doutrina da Encarnação.

Nossa primeira pergunta é: "Como a Natureza criada por um Deus bondoso se acha nessas condições?". Queremos com isso saber como ela veio a ser imperfeita, deixando "espaço para aperfeiçoamento", como dizem os professores em seus relatórios, ou então como veio a se tornar inteiramente depravada. Se fizermos a pergunta no primeiro sentido, a resposta cristã (penso eu) é que Deus desde o princípio a criou assim para que pudesse alcançar a perfeição mediante um processo no tempo. Ele fez uma Terra a princípio "sem forma e vazia" e levou-a à perfeição gradualmente. Vemos aqui, como em outros pontos, o padrão familiar — humilhação de Deus para a Terra informe e ascensão do que era informe para o produto acabado. Nesse sentido, certo grau de "evolucionismo" ou "desenvolvimento" é inerente ao Cristianismo. Isso no que diz respeito à imperfeição da Natureza, pois sua inteira depravação exige outro esclarecimento. De acordo com os cristãos, isso ocorre por causa do pecado, tanto do homem quanto de seres não humanos, poderosos e sobrenaturais, porém criados. A falta de popularidade dessa doutrina surge do Naturalismo largamente divulgado em nossa era: a crença de que nada existe além da Natureza e que, se qualquer outra coisa existisse, ela se acharia protegida por uma espécie de linha Maginot, que desapareceria no momento em que o erro fosse corrigido. É certo que a inquirição mórbida a respeito de tais seres, que levou nossos ancestrais à pseudo-ciência da Demonologia, deve ser fortemente desencorajada. Nossa atitude deve ser a do cidadão sensato em tempo de guerra que acredita existirem espiões inimigos ao redor, mas não leva a sério quase nenhuma história a respeito de espionagem. Devemos limitar-nos à declaração geral de que seres em uma "Natureza" diferente, superior, *parcialmente* interligada com a nossa, caíram como os homens e interferiram nas coisas dentro de nossas fronteiras. Essa doutrina, além de produzir bom fruto na vida espiritual de cada homem, protege-nos de idéias superficiais da Natureza, sejam pessimistas, sejam otimistas. Chamá-la "boa" ou "má" é filosofia pueril. Achamo-nos em um mundo de prazeres arrebatadores, belezas indizíveis e possibilidades inumeráveis, mas tudo é constantemente destruído, tudo acaba em nada. A Natureza tem a aparência de algo bom que foi arruinado.

O pecado dos homens e dos anjos foi possível porque Deus lhes concedeu livre-arbítrio, abdicando assim de uma parte de Sua onipotência (trata-se novamente de um movimento de esvaziamento ou rebaixamento, porque Ele viu que num mundo de criaturas livres, mesmo que elas caíssem, Ele poderia extrair (e esta é a reascensão) uma felicidade mais profunda e um esplendor maior do que um mundo de autômatos admitiria.

[4]Linha de defesa construída pela França nas fronteiras com a Alemanha e a Itália, entre 1930 e 1938, após a Primeira Guerra Mundial [N. do E.].

Surge então outra pergunta: "Se a redenção do Homem é o início da redenção da Natureza como um todo, devemos concluir que, em última análise, o Homem é o ser mais importante da Natureza?". Se eu tivesse de responder "afirmativamente" a essa pergunta, não me sentiria envergonhado. Suponhamos que o Homem seja o único animal racional no Universo, então (como já foi mostrado) seu tamanho diminuto e a insignificância do Globo em que habita não tornaria ridículo considerá-lo o herói do drama cósmico. Jack, no final de contas, é a menor personagem da peça *Jack, o matador de gigantes.* Não acho também improvável que o Homem seja a única criatura racional nesta Natureza espaço-temporal. Essa seria justamente a espécie de preeminência solitária: a desproporção exata entre o quadro e a moldura, que tudo que conheço da "seletividade" da Natureza me levaria a presumir. No entanto, não preciso supor que seja realmente assim. Deixemos que o Homem seja apenas uma entre miríades de espécies racionais e que ele seja o único caído. Pelo fato de ter caído, Deus lhe faz o maior favor, assim como na parábola da ovelha perdida que o pastor procura. E se a preeminência ou solidão do homem for de miséria e de perversidade, e não de superioridade? Então, mais ainda, será a espécie sobre a qual a Misericórdia sobrevirá. Para esse pródigo, o novilho cevado ou, mais adequadamente, o Cordeiro eterno, é morto. Contudo, uma vez que o Filho de Deus, atraído para cá, não por nossos méritos, mas por nossa indignidade, revestiu-se da forma humana, então nossa espécie (qualquer que tenha sido seu comportamento anterior) torna-se em certo sentido o centro de toda a Natureza. Nossa espécie, elevando-se depois de seu prolongado rebaixamento, erguerá consigo toda a Natureza, porque em nossa espécie o Senhor da Natureza está agora incluído. Estaria perfeitamente enquadrado naquilo que já sabemos, caso 99 raças justas que habitassem planetas distantes que orbitam ao redor de sóis longínquos, não precisando de redenção por conta própria, fossem remodeladas e glorificadas pela glória que sobreviera à nossa raça. Porque Deus não está meramente consertando, restaurando um *status quo*. A humanidade remida deve ser algo mais glorioso que a humanidade não caída teria sido, mais glorioso que qualquer raça não caída é agora (se neste momento o céu oculta alguma). Quanto maior o pecado, maior a misericórdia; quanto mais profunda a morte, mais brilhante a ressurreição. E essa glória acrescentada irá, com o verdadeiro princípio vicário, exaltar todas as criaturas, e todos aqueles que não caíram irão assim abençoar a queda de Adão.

Escrevi até agora supondo que a Encarnação foi ocasionada apenas pela Queda. Outra opinião tem sido algumas vezes defendida pelos cristãos, segundo a qual o rebaixamento de Deus à Natureza não foi ocasionado pelo pecado. Ele teria ocorrido para a Glorificação e Perfeição, mesmo que não fosse necessário para a Redenção. As circunstâncias associadas a ele teriam sido bem diferentes; a humildade divina não teria se tornado uma humilhação divina; os sofrimentos, o fel e o vinagre, a coroa de espinhos e a cruz estariam ausentes. Se for aceito esse ponto de vista, a Encarnação, onde quer que ocorresse, teria sido ainda assim o início do novo nascimento da Natureza. O fato de ter ocorrido na espécie humana, convocada pela miséria e humilhação a que o Amor é incapaz de resistir, não iria privá-la de seu significado universal.

A doutrina de uma redenção universal, exteriorizando-se por meio da redenção do Homem, por mais mitológica que pareça à mente moderna, é na realidade muito mais filosófica que qualquer teoria que sustente a idéia de que Deus, tendo entrado uma vez na Natureza, a tenha deixado, e sem nenhuma modificação substancial, ou que a glorificação de uma criatura possa ser realizada sem a glorificação de todo o sistema. Deus jamais se desfaz de algo, a não ser do mal; jamais faz algo bom para depois desfazê-lo. A união entre Deus e a Natureza na Pessoa de Cristo não admite divórcio. Ele jamais se separará da Natureza novamente, e ela deve ser glorificada de todas as maneiras que essa união milagrosa exige. Quando a primavera chega, "ela não deixa intacto canto algum de terra". Mesmo uma pedra atirada num lago propaga círculos até as margens. A pergunta que queremos fazer sobre a posição "central" do Homem nesse drama compara-se com a dos discípulos: "Qual deles era o maior?". Esse é o tipo de pergunta que Deus não responde. Se do ponto de vista do Homem a nova criação da Natureza inumana, e até mesmo inanimada, parece ser simplesmente um subproduto de sua própria redenção, então, igualmente, de algum ponto de vista remoto e inumano, a redenção do Homem pode assemelhar-se meramente às preliminares para essa primavera mais amplamente difusa. A própria permissão para a queda do Homem pode ter tido em vista aquele objetivo maior. Ambas as atitudes estarão certas se consentirem em eliminar as palavras *simplesmente* e *meramente*. Onde há um Deus cheio de propósitos e que tudo prevê agindo sobre uma Natureza totalmente interligada, não pode haver acidentes ou acasos, nada a que possamos nos referir com *simplesmente*.

Nada é "simplesmente um subproduto" de qualquer outra coisa. Todos os resultados são intencionais desde o princípio. O que é subserviente, de um determinado ponto de vista, é o objetivo principal de outro. Nenhuma coisa ou acontecimento ocupa a primeira posição ou a posição mais elevada, num sentido que o impeça de ser também o último e o mais inferior. O parceiro que se curva ao Homem num movimento da dança, recebe a reverência do Homem em outro. Estar em evidência ou no centro significa abdicar continuamente. Ser colocado em posição inferior significa ser elevado. Todos os bons mestres são servos. Deus lava os pés de homens. Os conceitos que geralmente apresentamos para refletir sobre tais assuntos infelizmente são políticos e corriqueiros. Pensamos na igualdade plana e repetitiva e no privilégio arbitrário como as únicas alternativas, perdendo assim todos os tons mais elevados, os contrapontos, a sensibilidade vibrante, as sutilezas da realidade.

Por essa razão, não penso que seja provável terem existido várias encarnações para remir diferentes espécies de criaturas, como Alice Meynell sugere num instigante poema. Nosso senso de *estilo* — do idioma divino — rejeita essa idéia. A sugestão de produção em massa e de filas de espera surge de um nível de pensamento que de forma alguma se enquadra aqui. Se outras criaturas naturais além do Homem pecaram, devemos crer que foram remidas. Todavia, a Encarnação de Deus como Homem será um ato único no drama da redenção total, e outras espécies terão testemunhado atos completamente diversos, cada um deles igualmente único, igualmente necessário e diferentemente necessário para o processo total, e cada um (de certo ponto de vista) justamente considerado "a cena principal" da peça. Para os que vivem no Ato II, o Ato III parece um epílogo. Para os que vivem no Ato III, o Ato II assemelha-se a um prólogo. E ambos estão certos até que acrescentem a palavra fatal *meramente* ou tentem evitá-la pela suposição tola de que os dois atos são a mesma coisa.

Deve-se notar nesse estágio que a doutrina cristã, uma vez aceita, envolve uma visão peculiar da Morte. Existem duas atitudes com relação à Morte que a mente humana naturalmente adota. Uma delas é a visão elevada, tendo alcançado maior intensidade entre os estóicos: a Morte "não importa", tratando-se do "sinal gentil da Natureza para descansarmos", e devemos encará-la com indiferença. A outra é o ponto de vista "natural", implícito em quase todas as conversas sobre o assunto e em grande parte das idéias atuais sobre a sobrevivência da espécie humana: a concepção de que a Morte é o maior de todos os males. Hobbes foi talvez o único filósofo a construir um sistema sobre essa base. A primeira idéia simplesmente nega, e a segunda apenas confirma nosso instinto de autopreservação. Nenhuma delas lança nova luz sobre a Natureza, e o Cristianismo não aprova nenhuma dessas duas posições. Sua doutrina é mais elaborada. Por um lado, a Morte é o triunfo de Satanás, a pena pela Queda e o último inimigo. Cristo derramou lágrimas na sepultura de Lázaro e suou sangue no Getsêmani. A Vida das Vidas que estava nEle não odiou menos que nós esse castigo cruel — odiou-o ainda mais. Por outro lado, só aquele que perde a própria vida a salvará. Somos batizados na *morte* de Cristo, e ela é o remédio para a Queda. A Morte, de fato, é o que alguns indivíduos chamam hoje de "ambivalente". Ela é a grande arma de Satanás e também a grande arma de Deus. É sagrada e profana. Nossa suprema desgraça e nossa única esperança, aquilo que Cristo veio conquistar e o meio pelo qual Ele efetuou a conquista.

Penetrar plenamente esse mistério está além de nossas forças. Se o padrão de Rebaixamento e Ascensão (como parece provável) é a própria fórmula da realidade, então o mistério da Morte oculta é o segredo dos segredos. Algo, contudo, deve ser dito a fim de darmos ao Grande Milagre a importância que ele merece. Não precisamos discutir a Morte no mais alto nível. O sacrifício do Cordeiro "antes da criação do mundo" está acima de qualquer especulação. Também não precisamos concentrar-nos na Morte em seu nível mais inferior. A morte dos organismos que são apenas organismos, que não possuem um caráter, não nos diz respeito. Podemos dizer sobre esse assunto, como algumas pessoas espirituais gostariam de considerar a Morte humana, que "não faz diferença". Entretanto, a surpreendente doutrina cristã sobre a Morte humana não pode ser deixada de lado.

A Morte humana, segundo os cristãos, é resultado do pecado humano. O Homem, quando criado, era imune ao pecado. Depois de remido e chamado a uma nova vida (que de algum modo indefinido, será uma vida corpórea) em meio a uma Natureza mais orgânica e mais obediente, voltará a ter essa imunidade. Essa doutrina não faria sentido se o Homem fosse apenas um organismo natural. Se assim fosse, entretanto, como já vimos, todos os pensamentos seriam igualmente sem sentido, pois todos teriam origem em causas irracionais. É preciso, portanto, que o Homem seja um ente composto, um organismo natural habitado por um espírito sobrenatural ou em *simbiose* com ele. A doutrina cristã, surpreendente como possa parecer aos que não tenham limpado por completo a mente do Naturalismo, declara que as relações que agora observamos entre o espírito e o organismo são anormais, patológicas. No presente, o espírito pode sustentar-se contra os ataques incessantes da Natureza (tanto fisiológicos quanto psíquicos) somente mediante vigilância perpétua, e a Natureza física sempre acaba por derrotá-lo. Mais cedo ou mais tarde, o espírito torna-se incapaz de resistir aos processos de desintegração que operam no corpo, e a morte acontece. Pouco mais tarde o organismo natural (pois ele não desfruta por muito tempo seu triunfo) é igualmente conquistado pela Natureza física e retorna ao inorgânico. Entretanto, na visão cristã, as coisas não foram sempre assim. O espírito nem sempre foi uma guarnição, mantendo seu posto com dificuldade numa Natureza hostil. Estava em completa sintonia com seu organismo, como um rei em seu país, ou um cavaleiro em seu cavalo, ou, melhor ainda, como a parte humana de um centauro está em sintonia com a parte eqüina. Onde o domínio do espírito sobre o organismo fosse completo e não encontrasse resistência, a morte jamais ocorreria. Sem dúvida, o triunfo permanente do espírito sobre as forças naturais que, se deixadas ao léu, matariam o organismo, envolveria um milagre contínuo, mas apenas o mesmo tipo de milagre que ocorre todos os dias — pois toda vez que pensamos racionalmente, por meio do poder espiritual direto, estamos forçando certos átomos de nosso cérebro e algumas tendências psicológicas de nossa alma natural a fazer o que nunca teriam feito se tivessem sido deixados à mercê da Natureza. A doutrina cristã seria fora do comum apenas se a atual situação fronteiriça entre espírito e Natureza em cada ser humano fosse tão inteligível e autoexplicativa que a concebêssemos como a única possibilidade. No entanto, será que isso é verdade?

Essa situação fronteiriça, porém, é tão estranha que nada a não ser o hábito poderia fazê-la parecer natural e nada a não ser a doutrina cristã pode torná-la plenamente inteligível. Certamente, existe um estado de guerra, mas não é uma guerra de destruição mútua. A Natureza, ao dominar o espírito, prejudica todas as atividades espirituais. E o espírito, dominando a Natureza, confirma e aperfeiçoa as atividades naturais. O cérebro não deixa de ser cérebro ao ser usado para pensamentos racionais. As emoções não se enfraquecem nem se desgastam por serem organizadas a serviço da vontade moral. Na verdade, elas ficam mais ricas e mais fortes como a barba se encorpa ao ser feita ou como um rio se aprofunda quando nele colocam uma barragem. O corpo do homem sensato e virtuoso, sendo todo o resto semelhante, é melhor que o do tolo ou do depravado, e seus prazeres sensoriais, melhores como prazeres sensoriais, pois os escravos dos sentidos, depois do primeiro gosto, são dominados pelos seus senhores e sofrem privações. Tudo acontece como se o que vimos não fosse uma guerra declarada, mas uma rebelião, aquela revolta do inferior para com o superior, por meio da qual o inferior destrói ao superior e a si mesmo. E se a situação presente é de rebeldia, a razão não tem como rejeitar, e sim como exigir a crença na existência de um tempo anterior à rebelião e que poderá haver outro depois que ela for apaziguada. E, se encontramos então base para acreditar que o espírito sobrenatural e o organismo natural do Homem estão em conflito, veremos isso imediatamente confirmado à luz de dois aspectos inesperados.

Quase toda a teologia cristã pode ser deduzida de dois fatos: 1) os homens fazem brincadeiras de mau gosto; 2) eles acham que os mortos são sinistros. A brincadeira de mau gosto proclama que somos um animal que considera a própria animalidade questionável ou engraçada. A não ser que tivesse havido uma disputa entre o espírito e o organismo, não sei como isso poderia acontecer, pois se trata de um sinal óbvio de que ambos não estão em sintonia. É muito difícil imaginar que tal estado de coisas seja original, supor uma criatura que desde o início se sentisse meio afrontada, meio morta de rir, pelo simples fato de ser o que é. Nunca vi cães que acham engraçado serem cães, e suspeito que os anjos não vêem nada de engraçado em serem anjos. Nosso sentimento sobre os mortos é igualmente estranho. É desnecessário dizer que não gostamos de cadáveres porque tememos os fantasmas. Você poderia dizer do mesmo modo que tememos os fantasmas porque não gostamos de cadáveres, pois o fantasma deve muito de seu horror às idéias associadas a palidez, decomposição, caixões, mortalhas e vermes. O que realmente odiamos é a divisão que possibilita o conceito ou de cadáver ou de espírito. Não deveria haver divisão, cada uma das metades resultantes é abominável. As explicações que o Naturalismo dá tanto à degradação física quanto ao nosso sentimento sobre os mortos não são satisfatórias. A teoria Naturalista relaciona esses padrões de comportamento a tabus e superstições de tempos remotos, como se eles mesmos não fossem os efeitos óbvios do fato a ser explicado. Contudo, uma vez aceita a doutrina cristã de que o homem foi originariamente uma unidade e de que a presente divisão não é natural, todos os fenômenos passam a encaixar-se. Seria fora do comum sugerir que a doutrina foi inventada para explicar o prazer que extraímos de um capítulo de Rabelais, de uma boa história de fantasmas, ou dos contos de Edgar Allan Poe. Entretanto, é isso justamente o que acontece.

Eu deveria talvez salientar que o argumento não é de maneira alguma afetado pelos juízos de valor que fazemos a respeito das histórias de fantasmas ou do humor grosseiro. Você pode acreditar que ambos são ruins. Pode crer que ambos, embora resultem (como as roupas) da Queda, são também (como as roupas) a maneira adequada de lidar com a Queda depois que esta aconteceu; que, embora saibamos que o Homem aperfeiçoado e recriado não mais experimentará esse tipo de riso ou de temor, não sentir aqui e agora o medo ou achar graça é ser menos humano. Contudo, de qualquer modo, os fatos dão testemunho de nosso desajuste atual.

Nesse sentido, a Morte humana é o resultado do pecado e o triunfo de Satanás. No entanto, ela é também o meio de redenção do pecado, a cura de Deus para o Homem e Sua arma contra Satanás. De modo geral, não é difícil compreender como a mesma coisa seja um golpe de mestre por parte de um combatente e também o próprio meio pelo qual o guerreiro superior o derrota. Todo bom general ou todo bom jogador de xadrez pega precisamente o ponto forte de seu oponente e o transforma no pivô de seu plano. "Tome minha torre, já que insiste. Não era minha intenção original que fizesse isso. Na verdade, pensei que você tivesse mais bom senso. Mas, tome-a de qualquer jeito. Faço isso agora e assim... assim... faço um xeque-mate em três movimentos." Algo semelhante deve ter acontecido com a Morte. Não diga que tais metáforas são demasiado triviais para ilustrar um assunto tão elevado, pois as metáforas mecânicas e minerais que nesta era irão dominar com descuido nossa mente (sem que sejam reconhecidas como metáforas), no momento em que relaxamos nossa vigilância contra elas, são muito menos adequadas.

Podemos ver como isso pode ter acontecido. O Inimigo persuade o Homem a rebelar-se contra Deus. Ao fazer isso, o Homem perde poder para controlar a outra rebelião que o Inimigo coloca agora em seu organismo (tanto psíquico quanto físico) contra o espírito humano, do mesmo modo que esse organismo, por sua vez, perde o poder para resistir à rebelião do inorgânico. Dessa maneira, Satanás produziu a Morte humana. Todavia Deus, ao criar o Homem, deu-lhe tal constituição que, se sua parte mais elevada se rebelasse contra Ele, o Homem perderia o controle sobre as partes inferiores, isto é, com o tempo viria a sofrer a Morte. Essa providência tanto pode ser considerada uma sentença punitiva ["no dia em que dela comer (da árvore do conhecimento do bem e do mal), certamente você morrerá"], como um ato de misericórdia e um dispositivo de segurança. É castigo porque a Morte, sobre a qual Marta diz a Cristo: "Senhor, ele já cheira mal", é horror e ignomínia. ("Não tenho tanto medo da morte quanto me envergonho dela", declara *Sir* Thomas Browne.) É misericórdia porque pela deliberada e humilde rendição a ela o Homem desfaz seu ato de rebelião e transforma até mesmo essa modalidade de Morte depravada e monstruosa numa instância daquela Morte metafísica e superior, que é eternamente boa e um ingrediente necessário à vida mais elevada. "A disposição é tudo" não se refere à disposição heróica, mas àquela feita com humildade e autorenúncia. Nosso inimigo, assim recebido, torna-se nosso servo. A Morte física, o monstro, torna-se a abençoada Morte espiritual para o "eu", se o espírito se dispuser, ou seja, se permitir ao Espírito do Deus que se ofereceu para morrer incutir-lhe essa vontade. É um dispositivo de segurança porque o Homem, uma vez caído, teria como único e triste destino a imortalidade natural. Ajudado na rendição que deve fazer não pela necessidade exterior da Morte, livre (se podemos chamar a isso liberdade) para enrolar ao seu redor, pelos séculos infindos, as cadeias do próprio orgulho e da lascívia e das terríveis civilizações, as quais edificam com poder e complexidade cada vez maiores, progrediria de simples homem decaído à categoria de demônio, possivelmente além de qualquer possibilidade de redenção. Esse perigo foi evitado. A sentença de que aqueles que comessem do fruto proibido seriam afastados da Árvore da Vida estava implícita na natureza composta com a qual o Homem foi criado. Entretanto, para converter essa pena de morte em meio de obter a vida eterna — acrescentar à sua função negativa e preventiva uma função positiva e salvadora — tornou-se então necessário que a morte fosse *aceita*. A humanidade deve aceitar a morte, submeter-se a ela com total humildade, bebê-la até o fim e, então, convertê-la naquela morte enigmática, que é o segredo da vida. Contudo, somente um Homem que não precisasse ser Homem, a não ser que o escolhesse, somente alguém que servisse em nosso triste regimento como voluntário, mas que também fosse perfeitamente Homem, poderia realizar essa morte perfeita e, dessa forma (não importa como nos expressemos), derrotar a morte ou pagar o seu resgate. Coube a Ele experimentar a morte em favor dos demais. Ele é o "Sacrifício"[5]

[5]Em inglês, o autor cria o neologismo "Die-er", aquele que morre, aquele que se sacrifica [N. do E.].

substituto do Universo e, por essa mesma razão, a Ressurreição e a Vida. Ou, de forma inversa, uma vez que Ele verdadeiramente vive, Ele realmente morre, pois esse é o padrão da realidade. Pelo fato de o maior de todos descer até o menor, Aquele que por toda a eternidade vem incessantemente cravando a Si mesmo a morte abençoada da auto-rendição ao Pai, pode também humilhar-se plenamente até a morte horrível e (para nós) involuntária do corpo. Tendo em vista que o Princípio Vicário é a própria linguagem da realidade por Ele criada, Sua morte pode tornar-se nossa. O Milagre como um todo, longe de negar o que já conhecemos da realidade, é a nota explicativa que lança luz a esse texto obscuro. Ou melhor, prova ser o texto principal em que a Natureza não passa de simples comentário. Na ciência, tudo o que lemos eram apenas as impressões de um poema; no Cristianismo, o poema todo nos é revelado.

Com isso, nosso esboço do Grande Milagre pode terminar aqui. Sua credibilidade não se encontra no Óbvio, no Pessimismo, no Otimismo, no Panteísmo, no Materialismo ou em qualquer dessas atrações evidentes. Cada um é confirmado à primeira vista por múltiplos fatos. Mais tarde, cada um se defronta também com obstáculos insuperáveis. A doutrina da Encarnação opera de maneira muito diversa em nossa mente. Ela penetra abaixo da superfície, trabalhando por meio do restante de nosso conhecimento mediante canais inesperados, harmonizando-se melhor com nossas percepções e "pensamentos mais profundos", e, em harmonia com eles, enfraquece nossas opiniões superficiais. Ela tem pouco a dizer ao homem que continua certo de que tudo irá acabar em nada, ou de que tudo está ficando cada vez melhor, ou de que tudo é Deus ou energia. Sua hora chega quando essas crenças baratas começam a falhar. Se o fato realmente aconteceu, é uma questão histórica. Quando alguém, no entanto, se volta para a História, não irá exigir que ela forneça uma espécie de evidência que demandaria algo intrinsecamente improvável. Entretanto, apenas aquilo que exigiria algo que, se aceito, ilumina e ordena todos os fenômenos, explica tanto nosso riso quanto nossa lógica, nosso temor dos mortos e nosso conhecimento que de algum modo é bom morrer e que, de um golpe, cobre aquilo que multidões de outras teorias dificilmente explicarão se a Encarnação for rejeitada.

Capítulo quinze
Os milagres da velha criação

O Filho não pode fazer nada de si mesmo; só pode fazer o que vê o Pai fazer.

João 5.19

Quando abrimos livros como *Contos de Grimm*, *Metamorfoses*, de Ovídio, ou mesmo os épicos italianos, descobrimo-nos num mundo de milagres tão diversos que dificilmente podem ser classificados. Animais viram homens, e homens transformam-se em animais e em árvores. As árvores falam, navios viram deusas e um anel mágico pode fazer mesas repletas de iguarias aparecerem em lugares solitários. Algumas pessoas não suportam esse tipo de história, outras as consideram divertidas. Entretanto, a menor suspeita de que essas histórias contivessem um fundo de verdade mudaria o divertimento em pesadelo. Se tais coisas realmente acontecessem, mostrariam que a Natureza estava sendo invadida por um poder estranho, alienígena. A adequação dos milagres cristãos e sua diferença quanto a esses milagres mitológicos estão no fato de mostrarem uma invasão por parte de um Poder familiar. Eles mostram aquilo que acontece quando a Natureza é invadida não por qualquer deus, mas pelo Deus da Natureza; por um Poder que está fora de sua jurisdição não como um estranho, mas como um soberano. Eles proclamam que Aquele que veio não é apenas um rei, mas o Rei, o Rei da Natureza e nosso Rei.

É isso que, a meu ver, coloca os milagres cristãos numa classe diferente da maioria dos outros milagres. Não julgo que seja dever de um defensor do Cristianismo (como muitos céticos supõem) desmentir todas as histórias sobre milagres que não estejam nos registros cristãos ou do homem cristão descrer delas. Não acredito de forma alguma que Deus não tenha operado milagres para os pagãos ou por meio deles ou que jamais tenha permitido que seres sobrenaturais criados o fizessem. Se, como Tácito, Suetônio e Dione Cássio relatam, Vespasiano operou duas curas, e se os médicos de hoje confirmam que elas não poderiam ter sido realizadas senão por milagre, não sou contrário a essa idéia. O que alego, porém, é que os milagres cristãos possuem uma probabilidade intrínseca muito maior, em vista de sua ligação orgânica recíproca com o conjunto estrutural da religião que manifestam. Se puder ser provado que certo imperador romano e, admitamos, um imperador bom, no que diz respeito a imperadores, foi um dia capacitado a realizar um milagre, devemos aceitar o fato. No entanto, permaneceria um fato completamente isolado e anormal. Nada resulta desse milagre, nada leva a ele, não estabelece nenhum corpo de doutrina, não explica nada, não se liga a nada. Essa é uma instância extraordinariamente favorável dos milagres não cristãos. As interferências imorais — e algumas vezes tolas — atribuídas aos deuses nas histórias pagãs, mesmo que tivessem um traço de evidência histórica, só poderiam ser aceitas com a condição de acolhermos a idéia de um Universo absolutamente sem sentido. Aquilo que provoca imensas dificuldades e não soluciona nenhuma delas só terá crédito para um ser racional sob compulsão. Algumas vezes, a credibilidade dos milagres está na proporção inversa da credibilidade da religião. Há registros de milagres a respeito de Buda (penso que em documentos mais recentes), mas o que poderia ser mais absurdo do que aquele que veio para ensinar-nos que a Natureza é uma ilusão da qual devemos escapar ocupar-se em produzir efeitos no nível natural? Iria aquele que veio nos despertar de um pesadelo *se somar* ao pesadelo? Quanto mais respeitássemos seus ensinos, menos poderíamos aceitar seus milagres. No Cristianismo, porém, quanto mais compreendemos quem é o Deus que diz estar presente e o propósito para o qual diz ter aparecido, tanto mais passíveis de crença se tornam os milagres. Essa a razão pela qual raramente vemos alguém negar os milagres cristãos, exceto quem deixou de lado alguma parte da doutrina. A mente que exige um Cristianismo sem milagres é aquela que se encontra no processo de rebaixar o Cristianismo a simples "religião".[1]

[1]A reflexão sobre os milagres do Antigo Testamento está além do escopo deste livro e exigiria muito conhecimento que não possuo. Minha opinião atual, que é hipotética e sujeita a correções, seria que, assim como pela via factual um preparo longo culmina em Deus transformado em Homem, também, considerando-se a via documental, primeiro a verdade aparece de forma mítica e em seguida, mediante um longo processo de condensação ou especificação, se torna encarnada como História. Essa idéia envolve a crença de

Os milagres de Cristo podem ser classificados em dois sistemas. O primeiro sistema inclui as classes: 1) Milagres de Fertilidade; 2) Milagres de Cura; 3) Milagres de Destruição; 4) Milagres de Domínio sobre o Inorgânico; 5) Milagres de Inversão; 6) Milagres de Santificação (ou de Glorificação). O segundo sistema, que atravessa o primeiro, produz apenas

que o Mito, em geral, não é simplesmente a História mal interpretada (como pensava Evêmero), nem a ilusão diabólica (como acreditavam alguns dos patriarcas), nem mentira sacerdotal (como julgavam os filósofos iluministas), mas, na melhor das hipóteses, um vislumbre real, embora desfocado, da verdade divina que penetra a imaginação humana. Os hebreus, como outros povos, tinham sua mitologia. No entanto, sendo o povo escolhido, sua mitologia também era escolhida — a mitologia escolhida por Deus para ser o veículo das primeiras verdades sagradas, o primeiro passo num processo que finaliza no Novo Testamento, no qual a verdade se torna completamente histórica. Se podemos dizer com certeza onde se enquadra cada história do Antigo Testamento nesse processo de cristalização, já é outro assunto. Penso que as memórias da corte de Davi se acham no extremo de uma escala e dificilmente são menos históricas que Marcos ou Atos e que o livro de Jonas se encontra no outro extremo. Deve-se notar, desse ponto de vista, que: a) assim como Deus, ao tornar-se Homem, "esvazia-se" de Sua glória, de modo que a verdade, quando desce do "céu" mitológico para a "terra" histórica, se submete a certa humilhação, o Novo Testamento é — e deve ser — mais simples e, de certo modo, menos *esplêndido* que o Antigo, assim como este é e deve ser menos rico em muitos aspectos de beleza criativa que as mitologias pagãs; b) assim como Deus não é menos Deus por ser Homem, também o Mito permanece Mito mesmo quando se torna Fato. A história de Cristo exige de nós e repassa não só uma resposta religiosa e histórica, mas também criativa. É dirigida à criança, ao poeta e ao não-civilizado em nós, assim como à consciência e ao intelecto. Uma de suas funções é derrubar os muros divisores [N. do A].

duas classes: 1) Milagres da Velha Criação e 2) Milagres da Nova Criação.

Sustento a idéia de que em todos esses milagres o Deus encarnado realiza, repentina e especificamente, algo que Deus já tenha feito ou fará em geral. Cada milagre escreve para nós em letras miúdas aquilo que Deus já escreveu ou escreverá em letras quase que grandes demais para serem notadas na ampla tela da Natureza. Eles convergem para um ponto particular das operações atuais ou futuras de Deus no Universo. Quando reproduzem as operações que já vimos numa escala maior, trata-se dos milagres da Velha Criação; quando convergem para o que ainda está por vir, são milagres da Nova Criação. Nenhum deles é isolado ou anômalo: cada um traz a assinatura do Deus a quem conhecemos por meio da consciência e da Natureza. Sua autenticidade é confirmada pelo *estilo*.

Antes de continuar, devo dizer que não me proponho fazer a pergunta, discutida há pouco: se Cristo foi capaz de realizar essas coisas apenas porque era Deus ou também porque era perfeitamente homem. Pois é possível entender que, se o Homem nunca tivesse caído, poderia agir com o mesmo poder. Uma das glórias do Cristianismo é podermos responder a essa questão: "Não importa". Quaisquer que tenham sido os poderes do homem antes da Queda, os do Homem remido, ao que tudo indica, serão praticamente ilimitados.[2] Cristo, ao ascender novamente aos Céus, faz subir com Ele a Natureza Humana. Aonde Ele vai, ela o segue, e irá "assemelhar-se" a

[2]Mateus 17.20; 21.21; Marcos 11.23; Lucas 10.19; João 14.12; 1Coríntios 3.22; 2Timóteo 2.12.

Ele.[3] Se em Seus milagres Ele não age como o Velho Homem deveria tê-lo feito antes da Queda, então é porque está agindo como todo Novo Homem agirá depois da redenção. Quando a humanidade, que Ele carregou nos ombros, passar com Ele das águas gélidas e escuras para a água verde e morna, e finalmente em direção à luz do sol e ao ar puro, ela também será luminosa e colorida.

Outra forma de expressar o verdadeiro caráter dos milagres seria dizer que, embora isolados de outros atos, eles não se acham separados em nenhum dos dois modos que costumamos supor. Por um lado, não estão isolados de outros atos Divinos: eles agem em escala reduzida, fazendo aquilo que Deus outras vezes realiza em tão grande escala que os homens nem prestam atenção. Por outro lado, não estão isolados, como supomos, de outros atos humanos: eles antecipam poderes que todos os homens terão quando forem também "filhos" de Deus e entrarem nessa "gloriosa liberdade". O isolamento de Cristo não é o de um prodígio, mas o de um pioneiro. Ele é o primeiro de sua espécie, mas não será o último.

Voltemos à nossa classificação e tratemos primeiro dos Milagres da *Fertilidade*. O primeiro deles foi a conversão da água em vinho, nas bodas de Caná. Esse milagre proclama que o Deus de todo vinho está presente. A videira foi uma das bênçãos enviadas por Javé. Ele é a realidade por trás do falso deus Baco. A cada ano, como parte da ordem Natural, Deus faz o vinho. Isso se realiza pela criação de um organismo vegetal que pode transformar a água, o solo e o sol num

[3]Filipenses 3.21; 1João 3.1,2.

suco que, sob condições adequadas, se transformará em vinho. Assim, em certo sentido, ele constantemente converte a água em vinho, pois este, como todas as bebidas, não passa de água modificada. Uma vez, e apenas num ano, Deus, agora encarnado, reduz o processo: transforma a água em vinho num momento, usando jarras de barro em vez de fibras vegetais para reter a água. Contudo, faz uso delas para realizar o que faz sempre. O milagre consiste no atalho, mas o fato a que ele conduz é comum. Se o fato já aconteceu, sabemos então que o que invadiu a Natureza não foi um espírito antiNatural, tampouco um Deus que ama a tragédia, as lágrimas e o jejum com *um fim em si mesmos* (embora os permita ou exija com fins especiais), mas o Deus de Israel que através de todos os séculos proporcionou o vinho para alegrar o coração humano.

Outros milagres que se incluem nessa categoria são os dois casos de multiplicação milagrosa. Eles envolvem a multiplicação de um pouco de pão e alguns peixinhos em muitos pães e muitos peixes. Certa vez, no deserto, Satanás tentou Jesus a transformar pedras em pão. Ele recusou: "O Filho não pode fazer nada de si mesmo; só pode fazer o que vê o Pai fazer". Talvez seja ousado afirmar que a conversão direta de pedra em pão pareceu ao Filho não se enquadrar no estilo hereditário — pouco pão em muito pão. Todo ano, Deus transforma um pouco de trigo em muito trigo: a semente é plantada, e há uma multiplicação. Os homens dizem então, cada um à sua moda: "É a lei da Natureza" ou: "É Ceres, é Adônis, é o Rei-Trigo". Mas as leis da Natureza não passam de um padrão, nada resultará delas a não ser que, por assim dizer, possam dominar o Universo e fazê-lo realmente funcionar. Quanto a Adônis, ninguém sabe dizer onde morreu ou quando ressuscitou. Aqui, na alimentação dos 5 mil, está Aquele a quem adoramos sem saber: o *verdadeiro* Rei-Trigo que morreu e ressuscitou uma vez em Jerusalém durante o governo de Pôncio Pilatos.

Nesse mesmo dia, Ele também multiplicou os peixes. Olhe para qualquer baía e para quase todos os rios: o fervilhar ondulante, a fecundidade que podemos perceber mostram que Ele ainda está operando e "enchendo as águas dos mares". Os antigos tinham um deus chamado Gênio, o deus da fertilidade animal e humana, o patrono da ginecologia, da embriologia e do leito conjugal — o leito "genial", como o chamavam, em homenagem ao seu deus. Gênio, porém, não passa de outra máscara para o Deus de Israel, pois foi Ele que no princípio ordenou a todas as espécies: "Sejam férteis e multipliquem-se! Encham e subjuguem a terra!". No dia em que a multidão foi alimentada, o Deus encarnado fez o mesmo. De maneira reduzida, sob Suas mãos humanas — mãos de trabalhador —, fez o que sempre fez nos mares, lagos e rios.

Chegamos agora a um milagre que, por alguma razão, parece o mais difícil de ser aceito pela mente moderna. Posso entender o homem que nega completamente os milagres, mas como classificar as pessoas que crêem em outros milagres e "passam um traço" no Nascimento Virginal? Será que, apesar de tudo que dizem a respeito das leis da Natureza, só existe um processo natural em que acreditem realmente? Ou será que pensam ver nesse milagre um insulto ao ato sexual (embora pudessem sentir que acontece o mesmo com respeito à alimentação dos cinco mil: uma crítica aos padeiros)? Será que o ato sexual é a única coisa ainda venerada neste mundo incrédulo? O milagre, entretanto, não é nem mais nem menos surpreendente que qualquer outro.

A melhor maneira de abordá-lo talvez seja proveniente do comentário feito em um dos mais arcaicos de nossos jornais ateus. O comentário dizia que os cristãos criam num Deus que "cometera adultério com a mulher de um carpinteiro judeu". O autor provavelmente estava apenas "dando uma alfinetada". Não pensava, na verdade, que Deus, na história cristã, tivesse assumido a forma humana e se deitado com uma mulher mortal, como Zeus fez com Alcmena. No entanto, se houvesse necessidade de responder a essa pessoa, teríamos de dizer que, se chamássemos "adultério" a concepção divina, seríamos obrigados a classificar adultério divino a concepção de cada criança e de cada animal também. Lamento usar expressões que possam ofender ouvidos devotos, mas não conheço outra forma de defender meu argumento.

No ato da geração normal, o pai não tem função criativa. Uma partícula microscópica de material de seu corpo e outra partícula microscópica do corpo da mulher se encontram. E com isso é transmitida a cor de seu cabelo, o lábio saliente de seu avô, assim como a forma humana em toda a sua complexidade de ossos, tendões, nervos, fígado e coração e a forma dos organismos pré-humanos que o embrião irá recapitular no útero. Por trás de cada espermatozóide, jaz toda a história do Universo. Encerrada nele, encontra-se uma parte considerável do futuro do mundo. O peso ou impulso por trás dele é o ápice de todo o acontecimento interligado a que hoje chamamos Natureza. E sabemos agora que as "leis da Natureza" não podem proporcionar esse ápice. Se acreditamos que Deus criou a Natureza, o ápice deriva dEle. O pai humano é simples instrumento, um portador às vezes relutante, mas sempre o último numa longa linhagem de portadores que se estende para muito além de seus ancestrais: até tempos pré-orgânicos e até a criação da matéria. Essa linhagem está na mão de Deus. Ela é o instrumento pelo qual cria normalmente um homem, pois Ele é a realidade por trás tanto de Gênio quanto de Vênus. Mulher alguma jamais concebeu uma criança e nenhuma égua gerou um potro sem Sua intervenção. Uma vez, porém, e por um motivo especial, Ele dispensou essa longa linhagem que é Seu instrumento. Uma vez, Seu dedo, que concede vida, tocou uma mulher sem fazer uso das eras de acontecimentos interligados. Uma vez, a grande luva da Natureza foi tirada de Sua mão, e Sua mão nua tocou aquela mulher. Havia uma razão especial para isso. Dessa vez, Ele não estava criando simplesmente um homem, mas o Homem que seria Ele mesmo. Estava criando um Homem de uma nova maneira. Iniciou-se, nesse modo divino e humano, a Nova Criação de todas as coisas. Todo o Universo abatido e exausto estremeceu diante dessa injeção direta de vida essencial — direta, sem contaminação, sem a intervenção de toda a história agitada da Natureza. Entretanto, seria fora de hora tratar, aqui, do significado religioso do milagre, pois nos ocupamos dele simplesmente como Milagre e nada mais. A criação da natureza humana de Cristo (o Grande Milagre por meio do qual Sua natureza divinamente entra na natureza humana) já é outro assunto. A concepção milagrosa é mais um testemunho de que aqui se acha o Senhor da Natureza. Ele está fazendo agora, de maneira reduzida e de perto, aquilo que faz de modo diferente para cada mulher que concebe. Age assim, dessa vez, sem uma linhagem de ancestrais humanos, porém mesmo quando os usa continua sendo Aquele que dá vida.[4] O leito mantém-se estéril quando a terceira parte, o Gênio, não está presente.

Os milagres de *Cura*, de que vou tratar a seguir, achamse agora numa situação peculiar. Os homens estão dispostos a admitir que muitos deles aconteceram, mas têm a tendência de negar que foram milagrosos. Os sintomas de diversas doenças podem ser imitados pela histeria, e a histeria pode com freqüência ser curada pela "sugestão". Sem dúvida, seria possível argumentar que tal sugestão é um poder espiritual e que todas as instâncias de "cura pela fé" são, portanto, milagrosas. No entanto, em nossa terminologia só seriam milagrosos naquele sentido em que toda instância de raciocínio humano é milagrosa, e o que estamos buscando agora são milagres de outra espécie. Em minha opinião, seria insensato pedir que alguém que não tenha abraçado inteiramente o Cristianismo admita terem sido milagres todas as curas mencionadas nos Evangelhos, isto é, que elas tenham ultrapassado as possibilidades da "sugestão" humana. Cabe aos médicos decidir sobre cada caso particular — supondo que as narrativas sejam suficientemente detalhadas para permitir pelo menos um diagnóstico provável. Temos aqui um bom exemplo do que foi dito num capítulo anterior. Em vez de a crença nos milagres depender de nossa ignorância da lei natural, estamos descobrindo aqui, por nós mesmos, que a ignorância da lei nos tira a possibilidade de comprovar o milagre.

Sem decidir em detalhes quais das curas devem ser consideradas milagrosas (à parte da aceitação pela fé cristã), pode-

[4]Cf. Mateus 23.9 [N. do A].

mos indicar o tipo de milagre envolvido. Seu caráter pode ser facilmente obscurecido pela idéia algo mágica que muitos ainda conservam em relação à cura comum e médica. Em certo sentido, médico nenhum tem a capacidade de curar, e os próprios médicos seriam os primeiros a admiti-lo. A mágica não está na medicina, mas no corpo do paciente — na *vis medicatrix naturae*, a energia curadora ou autocorretiva da Natureza. O quc o tratamento faz é estimular as funções naturais ou remover o que as prejudica. Afirmamos apenas por conveniência que um médico ou um remédio cura um machucado, mas na verdade todo corte cura a si mesmo, pois corte algum pode ser curado num cadáver. A mesma força misteriosa que chamamos "gravidade" quando dirige os planetas é "bioquímica" quando cura um corpo vivo é a causa eficiente de todas as recuperações. A energia provém de Deus em primeiro lugar. Todas as curas são realizadas por Ele, não simplesmente no sentido de que Sua providência lhes proporciona assistência médica e ambiente sadio, mas também se considerarmos que os tecidos são reparados pela energia descendente que, fluindo dele, inunda todo o sistema da Natureza. Certa vez, porém, Ele fez isso visivelmente com enfermos da Palestina, como um Homem no meio dos homens. O que em seu funcionamento geral denominamos leis da Natureza ou antes chamávamos Apolo ou Esculápio agora se revela pessoalmentc. O Poder que sempre esteve por trás de todas as curas possui agora mãos e rosto. Decorre daí, portanto, a aparente casualidade dos milagres. É inútil queixar-se de que Ele cura aqueles com quem se encontra por acaso, e não os demais. Ser homem significa estar num lugar, não em outro. O mundo que não quis reconhecê-Lo como onipresente foi salvo porque Ele se tornou *local*.

O único Milagre de Destruição praticado por Cristo, a figueira que secou, tem-se mostrado incômodo para algumas pessoas, mas julgo que seu significado é bastante claro. O milagre é uma parábola encenada, um símbolo da sentença de Deus sobre tudo que é "infrutífero" e especialmente, sem dúvida, sobre o Judaísmo oficial da época. Esse é o seu significado moral. Como milagre, repete de modo claro, mas reduzido e próximo, o que Deus opera constantemente por meio da Natureza. Vimos no capítulo anterior como Deus, tirando das mãos de Satanás sua arma, tornou-se, desde a Queda, o Deus até mesmo da morte humana. Mais ainda, e talvez desde a criação, Ele tem sido o Deus da morte dos organismos. Em ambos os casos, embora de maneiras diferentes, Ele é o Deus da morte por ser o Deus da Vida. O Deus da morte humana porque por meio dela vem agora o acréscimo de vida. O Deus da morte orgânica porque esta faz parte do processo pelo qual a vida orgânica se difunde no Tempo e permanece nova. Uma floresta de mil anos continua coletivamente viva porque algumas árvores estão morrendo enquanto outras crescem. Sua face humana, voltada para aquela figueira com rejeição nos olhos, fez uma vez o que Seu ato não encarnado faz a todas as árvores. Árvore alguma morreu naquele ano na Palestina, nem em qualquer ano em lugar algum, exceto por ação Divina, ou seja, porque Deus deixou de fazer algo por ela.

Todos os milagres até agora considerados são Milagres da Velha Criação. Em todos eles, vemos o Homem Divino revelando a nós o que o Deus da Natureza já realiza numa escala mais ampla. Em nossa próxima categoria, os Milagres de Domínio sobre o Inorgânico, descobrimos alguns milagres da Velha Criação e outros da Nova. Quando Cristo acalma a tempestade, ele faz o que Deus já fizera muitas vezes. Deus fez a Natureza de maneira tal que houvesse tempestades e calmarias. Desse modo, todas as tempestades (exceto as que estão acontecendo agora) foram acalmadas por Deus. Depois de ter aceitado o Grande Milagre, não é racional rejeitar o ato de acalmar a tempestade. Não há dificuldade em adaptar as condições atmosféricas do restante do mundo a essa bonança milagrosa. Posso acalmar uma tempestade num aposento, fechando a janela. A Natureza faz o melhor que pode e, para falar a verdade, não incomoda ninguém. O sistema inteiro, longe de ficar desajustado (o que algumas pessoas preocupadas parecem pensar que aconteceria com a ocorrência de um milagre), digere a nova situação tão facilmente quanto um elefante digere uma gota de água. A Natureza, como já mencionei, é uma anfitriã talentosa. Entretanto, quando Cristo anda por sobre a água, temos um milagre da Nova Criação. Deus não criou a Velha Natureza — o mundo antes da Encarnação — para que a água pudesse suportar um corpo humano. Esse milagre é a antecipação de uma Natureza que se acha ainda no futuro. A Nova Criação está apenas surgindo. Por um momento, parece que se irá ampliar. Por um instante, dois homens estão vivendo nesse novo mundo. Pedro também dá um ou dois passos sobre a água. Depois sua fé o abandona, e ele afunda, voltando à Velha Natureza. O que Pedro experimentou foi um vislumbre momentâneo de um milagre, da mesma forma que os galantos indicam que o ano se findou e estamos próximos do verão. E o verão, se demora a chegar, não mais encontra os galantos.

Os Milagres de Inversão pertencem todos à Nova Criação. Esse tipo de Milagre ocorre quando há ressurreição de mortos. A Velha Natureza desconhece esse processo. É como passar um filme de trás para a frente. Os dois exemplos contidos nos Evangelhos são de flores precoces, aquelas a que chamamos flores da primavera, por serem proféticas, embora realmente floresçam enquanto ainda é inverno. Os Milagres de Aperfeiçoamento (ou de Glória) — a Transfiguração, a Ressurreição e a Ascensão — pertencem ainda mais enfaticamente à Nova Criação. Eles são a verdadeira primavera ou até mesmo o verão do ano-novo do mundo. O Capitão, o precursor, já está em maio ou junho, apesar de seus seguidores na terra continuarem vivendo nas nevascas e ventos orientais da Velha Natureza, pois "a primavera surge vagarosamente deste lado".

Nenhum dos Milagres da Nova Criação pode ser considerado à parte da Ressurreição e da Ascensão, e isso exige outro capítulo.

Capítulo dezesseis
Os milagres da nova criação

Cuidem-se, pois os demônios riem triunfantes,
Daquele que aprende meias verdades!
Cuidem-se, pois Deus não suportará
Que os homens tenham esperanças mais puras
Que Sua boa promessa, ou exijam outra,
Além da lira de cinco cordas[1]
Que Ele prometeu novamente às mãos dedicadas
Que aprendem a dedilhá-la bem, aqui na Terra!

C. Patmore, *The Victories of Love*

No início do Cristianismo, um "apóstolo" era, antes de tudo, alguém que se declarava testemunha ocular da Ressurreição. Apenas alguns dias após a Crucificação, quando foram indicados dois candidatos para a vaga originada com a traição de Judas, a qualificação exigida era que tivessem conhecido Jesus pessoalmente, antes e depois de Sua morte,

[1]Isto é, o Corpo com seus cinco sentidos [N. do A.].

e pudessem oferecer evidências diretas da Ressurreição ao se dirigirem ao mundo externo (At 1.22).[2] Alguns dias depois, Pedro, ao pregar o primeiro sermão cristão, afirma a mesma coisa: "Deus ressuscitou este Jesus, e todos nós somos testemunhas desse fato" (At 2.32). Paulo embasa seu direito ao apostolado nesse mesmo ponto: "Não sou apóstolo? Não vi Jesus, nosso Senhor?" (1Co 9.1).

Como sugere essa qualificação, anunciar o Cristianismo significava principalmente anunciar a Ressurreição. Desse modo, as pessoas que ouviram apenas fragmentos do ensino de Paulo em Atenas ficaram com a impressão de que ele estava falando de dois novos deuses: Jesus e Anastasis (isto é, a Ressurreição; At 17.18).[3] A Ressurreição é o tema central de todo sermão cristão relatado em Atos. A Ressurreição e suas conseqüências eram o "evangelho" ou as boas-novas que os cristãos transmitiam. O que chamamos "evangelhos", as narrativas da vida e morte de Nosso Senhor, foram compostos mais tarde, para benefício daqueles que já haviam aceitado o *evangelho*. De modo algum essas narrativas formavam a base do Cristianismo: foram escritas para os já convertidos. O milagre da Ressurreição e sua teologia chegam em primeiro lugar: já a biografia vem mais tarde, como nota explicativa

[2] "Desde o batismo de João até o dia em que Jesus foi elevado dentre nós às alturas. É preciso que um deles seja conosco testemunha de sua ressurreição."

[3] "Alguns filósofos epicureus e estóicos começaram a discutir com ele. Alguns perguntavam: 'O que está tentando dizer esse tagarela?' Outros diziam: 'Parece que ele está anunciando deuses estrangeiros', pois Paulo estava pregando as boas novas a respeito de Jesus e da ressurreição."

sobre o assunto. Nada poderia ser menos histórico que escolher declarações selecionadas de Cristo e construir sobre elas o restante do Novo Testamento. O primeiro fato na história da Cristandade é um grupo de pessoas que afirmam ter presenciado a Ressurreição. Se tivessem morrido sem conseguir que alguém mais acreditasse nesse "evangelho", então evangelho algum jamais teria sido escrito.

É imprescindível esclarecer o que essas pessoas quiseram transmitir. Quando autores modernos falam da Ressurreição, geralmente se referem a um momento em particular — a descoberta da Tumba Vazia e a aparição de Jesus a poucos metros dali. A história desse momento é o que os apologistas cristãos tentam na atualidade defender e os céticos contestar. No entanto, essa concentração quase exclusiva nos primeiros cinco minutos ou mais da Ressurreição teria surpreendido os primeiros mestres cristãos. Ao alegar terem presenciado a Ressurreição, não estavam necessariamente afirmando *tê-la* de fato visto: alguns viram, e outros, não — a qual não tinha mais importância que qualquer outra das aparições do Jesus ressurreto — além da importância poética e dramática que o princípio das coisas sempre deve ter. O que afirmavam é que todos haviam, em um momento ou em outro, se encontrado com Jesus durante as seis ou sete semanas que se seguiram à Sua morte. Algumas vezes, pareciam estar sozinhos quando isso aconteceu, mas numa dessas ocasiões 12 deles o viram ao mesmo tempo e, em outra, cerca de 500 deles. Paulo diz que a maioria desses 500 ainda estava viva quando ele escreveu a Primeira Carta aos Coríntios, isto é, por volta de 55 d.C.

A "Ressurreição" de que foram testemunhas não foi, realmente, o ato de ressurgir dentre os mortos, mas a condição de tê-lo feito por meio do próprio poder, condição — como defendiam — comprovada pelos encontros irregulares durante um período limitado (exceto pelo encontro especial e, de alguma forma, diferente, concedido ao apóstolo Paulo). Essa parte final do período é importante, porque, como veremos, não há possibilidade de separar a doutrina da Ressurreição da doutrina da Ascensão.

O ponto seguinte a ser observado é que a Ressurreição não foi considerada simplesmente ou principalmente evidência da imortalidade da alma. Ela hoje é, de fato, considerada muitas vezes assim. Ouvi alguém defender que "a importância da Ressurreição está no fato de provar a *sobrevivência*". Uma visão como essa não pode, em ponto algum, harmonizar-se com a linguagem do Novo Testamento, pois segundo ela Cristo teria simplesmente feito o que todos fazem quando morrem, e a única novidade seria que, nesse caso, nos foi permitido ver o acontecimento. Não há, porém, nas Escrituras a mínima insinuação de que a Ressurreição fosse uma nova evidência de algo que realmente estivesse sempre ocorrendo. Os autores do Novo Testamento expressam-se como se o feito de Cristo ressurgir dentre os mortos fosse o primeiro acontecimento desse tipo em toda a História do Universo. Ele é considerado "as primícias", o "precursor da vida". Ele pôs abaixo a porta que estava fechada desde a morte do primeiro homem. Ele enfrentou o Rei da Morte, lutou com ele e o venceu. E agora tudo é diferente, porque ele fez isso. Esse é o início da Nova Criação: um novo capítulo abriu-se na história cósmica.

Não quero naturalmente dizer que os autores do Novo Testamento não acreditavam na "sobrevivência". Pelo contrário, acreditavam nela com tanta facilidade que Jesus em mais de uma ocasião teve de assegurar-lhes de que ele não era um fantasma. Desde tempos remotos, os judeus, como tantas outras nações, acreditavam que o homem possuía uma "alma" ou *Nephesh*, separada do corpo e que, ao morrer, ia para um mundo de sombras chamado *Sheol*: uma terra de esquecimento e ignorância, onde ninguém mais invocava Javé, uma terra meio irreal e melancólica, como o Hades dos gregos ou o Niflheim dos nórdicos. E dali, as sombras podiam voltar e aparecer aos vivos, como a de Samuel surgiu, a pedido da Feiticeira de En-Dor. Em tempos mais recentes, surgiu uma crença mais animadora: os justos, ao morrer, passavam da morte para o "céu". Ambas são doutrinas que tratam da "imortalidade da alma", tal como um grego ou um europeu da atualidade entende a idéia. Ambas são absolutamente irrelevantes no que diz respeito à história da Ressurreição. Os autores consideram esse evento uma completa novidade. Fica claro que não pensam que foram assombrados por um fantasma do *Sheol*, nem mesmo que tiveram uma visão de uma "alma" do "céu". Deve-se entender claramente que, se os pesquisadores psíquicos tivessem obtido êxito em provar a "sobrevivência" e mostrassem ser a Ressurreição um exemplo dela, não apoiariam a fé cristã, mas a refutariam com veemência. E, se isso fosse tudo que aconteceu, o "evangelho" original teria sido considerado falso. O que os apóstolos alegaram ter visto não confirma nem exclui e, na verdade, nada tinha que ver com a doutrina do "céu" ou com a do *Sheol*. À medida que ela confirmasse alguma coisa, confirmaria uma terceira crença judaica, muito diferente dessas duas. Essa terceira doutrina ensinava que "nos dias de Javé" a paz seria restaurada, e o domínio mundial, concedido a Israel sob um Rei justo; quando isso acontecesse, os justos mortos ou alguns deles voltariam à Terra — não como aparições flutuantes, mas como homens sólidos que arremessavam as sombras à luz do Sol e faziam alarde ao pisar o solo. "Mas os teus mortos viverão; seus corpos ressuscitarão. Vocês, que voltaram ao pó, acordem e cantem de alegria. O teu orvalho é orvalho de luz; a terra dará à luz os seus mortos" (Is 26.19). O que os apóstolos julgaram ter foi, se não isso, pelo menos uma primeira ocorrência isolada disso, o primeiro movimento de uma grande roda que começava a virar-se na direção oposta àquela que todos os homens haviam até então observado. De todas as idéias concebidas pelo homem sobre a morte, essa é a única que a história da Ressurreição tende a confirmar. Se for falsa, então foi esse mito hebraico da ressurreição que lhe deu origem. Entretanto, se a história for verdadeira, a insinuação e a antecipação da verdade não será encontrada em idéias populares sobre fantasmas, nem nas doutrinas orientais da reencarnação, nem nas especulações filosóficas sobre a imortalidade da alma, mas exclusivamente nas profecias judaicas do retorno, da restauração e da grande reversão. A imortalidade, como simples imortalidade, é irrelevante para a reivindicação cristã.

Existem, eu reconheço, determinados aspectos que tornam o Cristo ressurreto semelhante ao "fantasma" da tradição popular, pois à semelhança de fantasma Ele "aparece" e "desaparece". Portas trancadas não lhe constituem obstáculos, mas o próprio Cristo afirma com veemência ser material (Lc 24.39,40) e come peixe cozido. É justamente nesse ponto que o leitor moderno começa a sentir-se incomodado. O desconforto, entretanto, aumenta diante das palavras: "Não me segure, pois ainda não voltei para o Pai" (Jo 20.17). Estamos preparados, até certo ponto, para suportar vozes e aparições, mas o que é isso que não deve ser tocado? O que significa "subir" para o Pai? Ele já não está "com o Pai" no único sentido que importa? O que pode significar "subir", exceto uma metáfora para *isso*? E, se é assim, por que "ainda não" foi? Essas inquietações surgem porque a história que os "apóstolos" haviam contado começa, nesse ponto, a entrar em conflito com aquela que, de antemão, esperamos e decidimos ler em seus relatos.

Esperamos que nos falem de uma vida ressurreta, puramente "espiritual", no sentido negativo da palavra, isto é, empregamos o termo "espiritual" para significar não o que é, mas o que não é. Significa assim, uma vida sem espaço, sem história, sem ambiente, sem elementos sensoriais próprios a ela. Tendemos também, lá no íntimo, a desprezar a *humanidade* de Jesus, a concebê-Lo, após a morte, como simplesmente um retorno à Divindade, como se Ressurreição não passasse do avesso ou da anulação da Encarnação. Se assim for, então todas as referências ao *corpo* ressurreto nos deixam apreensivos, dando origem a perguntas embaraçosas. Enquanto mantivermos negativamente a visão espiritual, não vamos realmente acreditar, de modo algum, nesse corpo. Pensamos (quer reconheçamos, quer não) que o corpo não era material, mas que se tratava de uma aparição enviada por Deus para assegurar aos discípulos as verdades que não podiam ser comunicadas de outra forma. Mas que verdades? Se a verdade é que depois da morte surge uma vida negativamente espiritual, uma eternidade de experiência misteriosa, que maneira mais falaciosa de comunicar tal coisa se poderia achar que a aparição de uma forma humana que come peixe assado? Novamente, de tal ponto de vista, o corpo não passaria de alucinação. E qualquer teoria de alucinação cai por terra diante do fato (caso se trate de uma invenção, então é a mais estranha que já penetrou a mente humana) de que em três ocasiões diferentes essa alucinação não foi imediatamente reconhecida como Jesus (Lc 24.13-31; Jo 20.15; 21.4). Vamos supor que Deus enviou uma alucinação santa para ensinar verdades nas quais as pessoas já acreditavam, independentemente dela, havia muito tempo. Vamos admitir também que essas verdades fossem ensinadas com muito mais facilidade por outros métodos e que é provável que até mesmo viessem a ser obscurecidas pela aparição. Não poderíamos, então, pelo menos esperar que Deus mostrasse o rosto *exato* da alucinação? Será que Aquele que fez todos os rostos faria uma imitação tão malfeita que fosse impossível ser reconhecida como semelhante ao homem que era Ele próprio?

É aqui que o temor e o tremor caem sobre nós ao lermos os relatos. Se a história for falsa, é pelo menos muito mais estranha do que esperávamos, algo para o qual a "religião" filosófica, a pesquisa paranormal e a superstição popular, todas elas, fracassaram em nos preparar. Se for verdadeira, então um estilo de vida inteiramente novo surgiu no Universo.

O corpo que vive nesse novo estilo parece com o corpo que seus amigos conheceram antes da execução, mas ao mesmo tempo difere dele. Ele se relaciona de maneiras diversas com o espaço e provavelmente com o tempo, mas de modo algum se separa deles. Ele pode realizar o ato humano de comer. Relaciona-se de tal maneira com a matéria, como a conhecemos, que pode ser tocado, embora no início fosse melhor não tocá-lo. Há também uma história à sua frente, que se manifesta desde o primeiro momento da Ressurreição. Em breve, irá tornar-se diferente ou partir para determinado lugar. Eis a razão pela qual a história da Ascensão não pode ser isolada do fato da Ressurreição. Todos os relatos sugerem que as aparições do Corpo Ressurreto chegaram ao fim. Alguns descrevem um fim repentino cerca de seis semanas após a morte. E descrevem esse fim repentino de um modo que provoca mais dificuldade à mente moderna que qualquer outra parte das Escrituras. Pois, certamente, temos aqui a implicação de todas aquelas cruezas milenares com as quais, como já afirmei, os cristãos não estão comprometidos: a ascensão vertical como a de um balão, o Céu local, a cadeira enfeitada à destra do trono do Pai. "Ele foi elevado aos céus [*ouranos*]", diz o Evangelho segundo Marcos, "e assentou-se à direita de Deus". "Foi elevado às alturas", diz o autor de Atos, "e uma nuvem o encobriu da vista deles".

Entretanto, se quisermos nos livrar dessas passagens difíceis, temos os meios para fazê-lo. A parte final do último capítulo de Marcos provavelmente não fazia parte do texto original. É possível acrescentar que a Ascensão, embora constantemente subentendida em todo o Novo Testamento, só é descrita nos dois lugares mencionados. Será que simplesmente podemos ignorar a história da Ascensão? A resposta será positiva desde que consideremos as aparições da Ressurreição as de um fantasma ou de uma alucinação. Porque um espectro pode simplesmente desvanecer-se, mas uma entidade material precisa ter ido para algum lugar — alguma coisa deve acontecer com ela. E, se o Corpo Ressurreto não fosse material, então todos nós (cristãos ou não) devemos inventar alguma explicação para o desaparecimento do cadáver. E todos os cristãos precisam explicar por que Deus enviou ou permitiu uma "visão" ou "fantasma" cujo comportamento parece quase exclusivamente conduzido a convencer os discípulos de que não era realmente visão ou fantasma, mas um ser corpóreo. E se fosse uma visão, então seria a visão mais sistematicamente enganadora e mentirosa dos registros. Todavia, se era real, então algo lhe aconteceu depois que deixou de aparecer. É impossível eliminar a Ascensão sem colocar alguma coisa em seu lugar.

Os relatos descrevem Cristo como alguém que atravessou a morte (algo que homem algum o fez) não simplesmente, ou seja, desfavoravelmente, para um tipo de existência "espiritual" nem para uma vida "natural" como a conhecemos, mas uma vida que tem uma Natureza própria e nova. Os mesmos relatos mostram-nO retirando-se, seis semanas depois, para assumir outro tipo de existência. Os relatos dizem — Ele diz — que vai "preparar-nos lugar". Isso significa provavelmente que Ele está prestes a criar aquela Natureza inteiramente nova que irá proporcionar o ambiente ou as condições para Sua humanidade glorificada e — nEle — para nós. A imagem não é aquilo que esperávamos — se nesse caso é mais provável ou menos filosófica, isso é outro assunto. Não se trata de uma cena de fuga de qualquer espécie de Natureza para uma vida não condicionada e completamente transcendental, e sim a imagem de uma nova natureza humana e de uma nova Natureza em geral, que é trazida à existência. Devemos, de fato, crer que o corpo ressurreto seja muito diferente do mortal, mas a existência, nesse novo estado, de tudo que pudéssemos chamar "corpo", em qualquer sentido, envolve certo tipo de relação com o espaço e com o tempo de um Universo inteiramente novo. Esse é o quadro não de anulação, mas de uma nova criação. O campo desgastado dos eixos espaço, tempo, matéria e dos sentidos precisa ser lavrado, revolvido e semeado para dar espaço a uma nova colheita. É provável que estejamos cansados desse velho campo: Deus não!

Além disso, pelo próprio modo em que essa Nova Natureza começa a resplandecer, ela mantém alguma afinidade com os hábitos da Velha Natureza. Na Natureza, como a conhecemos, as coisas tendem a antecipar-se. A Natureza aprecia "falsas madrugadas" de precursores, e, como já afirmei, algumas flores abrem-se antes de chegar a primavera: subumanos (como diziam os evolucionistas) antes dos legítimos seres humanos. Assim, aqui também temos a Lei antes do Evangelho, os sacrifícios de animais anunciando o grande sacrifício de Deus para Deus, João — o Batista — antes do Messias e aqueles "milagres da Nova Criação" que vêm antes da Ressurreição. A caminhada de Cristo sobre a água e a ressurreição de Lázaro incluem-se nessa categoria. Ambos os acontecimentos nos dão uma idéia de como será a Nova Natureza.

Na Caminhada sobre a água, vemos as relações entre espírito e Natureza tão alteradas que esta pode ser levada a fazer tudo que o espírito desejar. Essa nova obediência da Natureza não deve, naturalmente, ser separada, nem mesmo em pensamento, da própria obediência do espírito ao Pai dos Espíritos. Separado dessa condição, tal obediência por parte da Natureza, caso fosse possível, resultaria em caos. O sonho perverso da Magia tem origem no anseio do espírito finito de obter esse poder sem pagar o preço. A realidade maligna da ciência aplicada ilegalmente (que é filha e herdeira da Magia) está na verdade reduzindo grandes porções da Natureza a uma condição de desordem e esterilidade, neste exato momento. Não sei quão radicalmente a própria Natureza precisaria ser alterada para se tornar obediente aos espíritos, uma vez que estes têm-se tornado inteiramente obedientes à sua origem. Devemos observar uma coisa, pelo menos: se somos de fato espíritos, e não frutos da Natureza, então deve haver algum ponto (provavelmente o cérebro) em que o espírito criado pode agora mesmo produzir efeitos sobre a matéria, não por manipulação ou técnicas, mas simplesmente pela vontade de fazer isso. Se for isso que você considera Magia, então essa é uma realidade manifestada toda vez que você move a mão ou tem um pensamento. E a Natureza, como vimos, não é destruída, mas aperfeiçoada pela servidão daquela.

A ressurreição de Lázaro difere da do próprio Cristo porque, ao que sabemos, Lázaro não foi elevado a um estilo novo e mais glorioso de existência, mas simplesmente restaurado ao tipo de vida que possuía antes. A adequação dos milagres está no fato de que Aquele que levantará todos os homens na ressurreição geral aqui faz isso de forma reduzida e reservada e de modo inferior, apenas antecipado. Porque a mera restauração de Lázaro, comparada à ressurreição *gloriosa* da Nova Humanidade, é tão inferior em brilho quanto os jarros de pedra para a verde e crescente videira ou os cinco pãezinhos de cevada para todo o bronze e ouro ondulante de um vale preparado para a colheita. A ressurreição de Lázaro, tanto quanto podemos entender, é inversão pura e simples: uma série de modificações que opera na direção oposta àquela que sempre experimentamos. Na morte, a matéria até então orgânica começa a fluir para o inorgânico, sendo finalmente espalhada e utilizada (parte dela) por outros organismos. A ressurreição de Lázaro envolve o processo inverso. Já a ressurreição geral envolve o processo inverso universalizado — uma precipitação da matéria na direção da organização, respondendo ao chamado dos espíritos que dela necessitam. Pelo que se supõe, é tola fantasia (não justificada pelas Escrituras) pensar que cada espírito iria recuperar aquela harmonia particular da matéria que antes lhe pertencia. Para começar, não seriam suficientes para fazer isso: todos vivemos com roupas de segunda mão, e existem, sem dúvida, átomos em meu queixo que serviram a muitos outros homens, cães, enguias e dinossauros. A harmonia de nosso corpo, mesmo na vida presente, também não consiste em reter as mesmas partículas. Minha forma permanece, embora a matéria nela contida mude constantemente. Sou, nesse sentido, como uma curva numa cachoeira.

O milagre de Lázaro, entretanto, embora apenas antecipado em um sentido, pertence enfaticamente à Nova Criação, porque nada é mais definitivamente excluído pela Velha Natureza que qualquer retorno ao *status quo*. O padrão da Morte e do Novo Nascimento jamais restaura o organismo individual anterior. E, do mesmo modo, no nível inorgânico, é-nos dito que a Natureza jamais restabelece a ordem onde uma vez a desordem imperou. "A trapaça", diz o professor Eddington, "é uma coisa que a Natureza nunca desfaz". Vivemos, pois, em um Universo onde os organismos estão ficando cada vez mais desordenados, pois as leis entre eles —

morte e entropia irreversíveis — cobrem quase tudo do que Paulo chama "vaidade" da Natureza, sua futilidade e sua ruína. E o filme jamais se modifica. A oscilação da ordem — de mais para menos — quase sempre serve para determinar a direção em que o tempo está fluindo. Quase seria possível definir o futuro como o período em que aquilo que estamos vivendo agora estará morto e no qual a ordem que ainda existe diminuirá.

A entropia, entretanto, pelas próprias características, assegura-nos que, embora possa ser uma regra universal na Natureza que conhecemos, não pode ser absolutamente universal. Se alguém disser "Humpty Dumpty[4] está caindo", você percebe, ao mesmo tempo, que essa não é a história completa. O pouco que lhe contaram implica tanto um capítulo posterior, em que Humpty Dumpty terá chegado ao chão, quanto outro anterior, em que ele ainda estava sentado no muro. Uma Natureza que está "se esgotando" não pode ser a história inteira. O relógio não pode parar por falta de corda, a não ser que tivesse corda antes. Humpty Dumpty não pode cair de um muro inexistente. Se uma Natureza que desintegra a ordem fosse a realidade total, onde iria ela encontrar ordem para se desintegrar? Assim, de qualquer ponto de vista, deve ter havido um período em que funcionavam processos inversos dos que observamos agora: um tempo de dar corda. A alegação cristã é que esses dias não se foram para sempre: Humpty Dumpty será recolocado no muro, pelo

[4]Personagem em forma de ovo do livro *Alice no país das maravilhas*, de Lewis CARROLL, a qual vivia tentando se equilibrar em cima de um muro [N. do R.].

menos no sentido de que aquilo que morreu irá recobrar a vida, provavelmente no sentido de que o Universo inorgânico será reordenado. Ou Humpty Dumpty jamais chegará ao chão (sendo apanhado em meio à queda pelos braços eternos), ou então, quando alcançá-lo, será juntado outra vez e devolvido a um muro novo e melhor. A ciência admitidamente não consegue discernir "cavalos e homens do rei" que possam "juntar novamente Humpty Dumpty". Todavia, não se poderia esperar isso dela, pois está baseada em observação e todas as nossas observações focalizam Humpty Dumpty, no ar. Elas não alcançam o alto do muro nem o chão embaixo — muito menos o Rei com seus cavalos e os homens apressando-se em direção ao lugar em que ele está.

A Transfiguração ou a "Metamorfose" de Jesus é também, sem dúvida alguma, um vislumbre de algo que está por vir. Ele é visto conversando com dois dos mortos muito antigos. A mudança que Sua forma humana sofreu é descrita como algo que adquire luminosidade, "brancura radiante". Uma brancura similar caracteriza Sua aparição no início do livro de Apocalipse. Um detalhe mais curioso é que essa luminosidade ou brancura afetou tanto Suas vestes quanto Seu corpo. Em seu livro, Marcos menciona com mais detalhe as roupas que o rosto e acrescenta com sua ingenuidade inimitável que "nenhum lavandeiro no mundo seria capaz de branqueá-las" (Mc 9.3). Examinado separadamente, esse episódio tem todas as marcas de uma "visão", a saber, de uma experiência que, embora possa ter sido divinamente enviada para revelar uma grande verdade, não é, entretanto, falando de modo objetivo, a experiência que parece ser. No entanto, se a teoria da "visão" (ou alucinação santa) não abranger as aparições da Ressurreição, introduzi-la aqui seria apenas multiplicar as hipóteses. Não sabemos para que fase ou característica da Nova Criação esse episódio aponta. Ele pode revelar alguma glorificação especial da condição humana de Cristo em alguma fase de sua história (desde que aparentemente ela tenha uma história) ou a glória que essa humanidade sempre tem na Nova Criação. Pode até mesmo revelar a glória que todos os seres ressurretos irão herdar. Não sabemos.

Devemos, realmente, enfatizar em toda parte que sabemos e podemos saber muito pouco sobre a Nova Natureza. A tarefa da imaginação aqui não é fazer previsão sobre ela, mas simplesmente, meditando sobre as muitas possibilidades, abrir espaço para um agnosticismo mais completo e circunspecto. É útil lembrar que, mesmo agora, os sentidos susceptíveis a diferentes vibrações irão nos levar a mundos inteiramente novos da experiência; que um espaço multidimensional seria diferente, quase irreconhecível, do espaço que percebemos agora e ainda não interrompido por ele; que o tempo nem sempre pode ser para nós, como é agora, não linear e irreversível; que outras partes da Natureza possam algum dia nos obedecer, como nosso córtex o faz presentemente. Sim, torna-se útil, não porque possamos confiar em que essas fantasias nos transmitam quaisquer verdades positivas sobre a Nova Criação, mas por nos ensinarem a não limitar, em nossa precipitação, o vigor e a variedade das novas colheitas que este velho campo poderia ainda produzir. Somos, portanto, forçados a crer que quase tudo que nos é dito a respeito da Nova Criação é metafórico, mas nem tudo. É justamente nesse ponto que a história da Ressurreição nos puxa para trás, como por uma corda. As aparições locais, o ato de comer, o toque, a alegação de ser corpóreo ou devem ser realidade ou pura ilusão. A Nova Natureza acha-se, na mais desagradável das formas, interligada com a Velha Natureza em alguns pontos. Em virtude de seu caráter inovador, temos de pensar nela, quase que todo tempo, metaforicamente. Pela sua interligação parcial, alguns fatos a respeito dela surgem em nossa experiência presente, de maneira literalmente factual, da mesma forma que certos fatos sobre um organismo são inorgânicos, enquanto outros sobre um corpo sólido são fatos da geometria linear.

À parte disso, a simples idéia de uma Nova Natureza, uma Natureza além da Natureza, uma realidade sistemática e diversificada, que é "sobrenatural" em relação ao mundo de nossos cinco sentidos, mas "natural" do ponto de vista dela mesma, é profundamente contrária a determinadas concepções filosóficas prévias a que todos estamos sujeitos. Penso que Kant está por trás disso e pode ser expresso ao dizermos que estamos preparados para crer numa realidade com um nível ou com dois níveis, mas não em uma semelhante a um arranha-céu, com diversos níveis. Estamos preparados para o tipo de realidade em que os Naturalistas acreditam, uma realidade de um nível: a Natureza presente é tudo que existe. Também somos receptivos à realidade como a "religião" a concebe: uma realidade com um nível térreo (a Natureza) e, acima desse, outro nível, e apenas um — algo eterno, sem limite de tempo ou de espaço, espiritual, do qual não possuímos imagens e que, caso se apresente à consciência humana, faz isso numa experiência mística que abala todas as nossas categorias de pensamento. Não estamos preparados, porém, para algo que se coloque entre ambas as realidades. Sentimo-nos seguros de que o primeiro passo para além do mundo de nossa experiência presente deve levar a um não-lugar ou a um abismo ofuscante de espiritualidade não diferenciada, o incondicional, o absoluto. Essa a razão por que muitos que não crêem em anjos nem num mundo angélico acreditam em Deus e por que muitos que não conseguem crer na ressurreição do corpo crêem na imortalidade. E é por isso que o Panteísmo é mais popular que o Cristianismo e que muitos desejam um Cristianismo despojado de seus milagres. Não consigo compreender, porém me lembro muito bem da apaixonada convicção com que eu mesmo defendia esse preconceito. Qualquer rumor a respeito de andares ou níveis intermediários entre o Não-Condicionado e o mundo revelado pelos nossos sentidos atuais era rejeitado por mim e considerado "mitologia", sem julgamento algum.

Ademais, é muito difícil perceber qualquer base racional para o dogma de que a realidade não deve ter mais que dois níveis. Pela natureza do caso, não pode existir evidência de que Deus jamais criou e jamais criará mais que um sistema. Cada um deles teria de ser pelo menos extranatural em relação aos demais, e se qualquer um deles for mais concreto, mais permanente, mais excelente e mais rico que outro, será *sobre*natural para esse outro. Contato parcial algum entre dois deles irá obliterar sua distinção. Dessa forma, poderia haver Naturezas empilhadas sobre Naturezas até a altura desejada por Deus, cada uma Sobrenatural em relação à inferior e Subnatural em relação àquela que a superasse. Entretanto, o teor do ensino cristão é que estamos, na verdade, vivendo uma situação ainda mais complexa. Uma nova Natureza não está apenas sendo feita, mas refeita proveniente de outra, uma

Natureza velha. Vivemos em meio a todas as anomalias, inconveniências, esperanças e entusiasmos de uma casa em reforma. Alguma coisa está sendo demolida e outra colocada em seu lugar.

Aceitar a idéia de níveis intermediários, o que a história cristã irá simplesmente nos forçar a fazer, caso não seja falsa, não envolve naturalmente a perda de nossa apreensão espiritual do nível mais elevado. Com certeza, além de todos os mundos, não condicionado e inimaginável, transcendendo o pensamento discursivo, ali se encontra para sempre o Fato supremo, a fonte de todos os outros fatos, a profundidade ardente e não dimensional da Vida Divina. Também é certo que estar em harmonia com essa vida na eterna Filiação de Cristo é a única coisa que merece um minuto de consideração. E, visto ser *isso* que você chama *Céu*, a Natureza divina de Cristo nunca o deixou e, portanto, jamais voltou a Ele: e Sua natureza humana subiu para lá, não no momento da Ascensão, mas a cada momento. Nesse sentido, palavra alguma dita pelos espiritualistas será contestada por mim. Não se segue, porém, que não existam outras verdades. Admito e até insisto em que Cristo não pode estar "à destra de Deus", exceto no sentido metafórico. Admito e insisto em que o Verbo Eterno, a Segunda Pessoa da Trindade jamais foi ou poderá ser confinada a determinado lugar, de modo algum: é, pelo contrário, nele que todos os lugares existem. Todavia, os registros dizem que o Cristo glorificado, porém ainda corpóreo, em algum sentido retirou-se para um modo diferente de ser aproximadamente seis semanas após a Crucificação e que está "preparando lugar" para nós. Devemos tomar como metáfora a declaração em Marcos de que Ele sentou-se à direita de Deus. Tratava-se, mesmo para o autor, de uma citação poética do salmo 110. No entanto, a afirmativa de que a Forma santa subiu e desapareceu não pode sujeitar-se ao mesmo tratamento.

O que nos perturba aqui não é simplesmente a declaração em si, mas o que (estamos certos) o autor quis dizer com isso. Se admitirmos que existem Naturezas diferentes, níveis distintos de existência, mas nem sempre descontínuos; se admitirmos que Cristo se retirou de um deles para outro e que Sua saída de um foi, de fato, o primeiro passo para a criação do outro, o que precisamente esperaríamos que os observadores vissem? Talvez um simples desaparecimento instantâneo nos deixaria mais à vontade. Uma quebra repentina entre o perceptível e o imperceptível nos preocuparia menos que qualquer espécie de união. Contudo, se os espectadores dizem que viram, a princípio, um breve movimento vertical, depois uma vaga luminosidade (isso é o que "nuvem" provavelmente significa aqui, como no relato da Transfiguração) e por fim mais nada, que motivo temos para objetar? Sabemos muito bem que o distanciamento do centro deste planeta não poderia *em si mesmo* ser equacionado com o aumento de poder ou da bem-aventurança. Entretanto, seria apenas dizer que, se o movimento não teve ligação com acontecimentos espirituais, isso não teve então nenhuma associação com eles.

O movimento (em qualquer direção menos uma) para fora da posição ocupada momentaneamente pela Terra, que se move, será certamente para nós um movimento "ascendente". Dizer que a passagem de Cristo para uma nova "Natureza" não podia envolver tal movimento, ou qualquer outro, dentro da "Natureza" que Ele estava deixando, seria muito arbitrário. Onde há passagem, há partida; e a partida é um acontecimento na região que o viajante está deixando, mesmo na suposição de que o Cristo Ascendente esteja num espaço tridimensional. Se não se tratar dessa espécie de corpo e o espaço não for esse tipo de espaço, estamos então ainda menos qualificados para dizer o que os observadores desse acontecimento inteiramente novo poderiam ter ou não ter visto ou sentir como se tivessem visto. A questão aqui não é, naturalmente, de um corpo humano tal como o conhecemos existindo no espaço interestelar tal como o conhecemos. A Ascensão pertence a uma Nova Natureza. Estamos apenas discutindo com o que se pareceria a "junção" entre a Velha e a Nova Natureza, o preciso momento da transição.

O que nos preocupa realmente é a convicção de que, o que quer que digamos, os autores do Novo Testamento sugeriram algo muito diferente. Temos a certeza de que julgavam ter visto seu Mestre partindo numa viagem para um "Céu" local, onde Deus se assentava num trono e onde havia outro trono à espera de Cristo. Acredito que, num certo sentido, foi justamente isso que pensaram. E acredito que, por essa razão, o que quer que tivessem realmente visto (a percepção sensorial, quase por hipótese, poderia confundir-se num momento desses), iriam certamente lembrar-se disso como um movimento vertical. O que não devemos afirmar é que eles "confundiram" "Céus" locais e salas de trono celestiais, e coisas do tipo, com o Céu de união "espiritual" com Deus e o supremo poder e bem-aventurança. Temos gradualmente descoberto sentidos diferentes da palavra *Céu* ao longo deste capítulo. Talvez seja conveniente, neste ponto, fazer uma lista. *Céu* pode significar: 1) a Vida Divina não condicionada aos limites dos mundos; 2) participação Abençoada nessa Vida por parte de um espírito criado; 3) o conjunto da Natureza ou sistema de condições em que os espíritos humanos redimidos, ainda humanos, podem desfrutar plenamente e para sempre essa participação (esse é o Céu que Cristo irá "preparar" para nós); 4) o Céu físico, o firmamento, o espaço em que a Terra se move. O que nos capacita a distinguir esses significados e mantê-los claramente distintos não se deve a nenhuma pureza espiritual específica, mas ao fato de sermos herdeiros de séculos da análise lógica; tampouco por sermos filhos de Abraão, e sim por sermos herdeiros de Aristóteles. Não devemos supor que os autores do Novo Testamento confundiram o Céu dos dois últimos significados com o dos dois primeiros. Não é possível confundir uma moeda de meio soberano[5] com uma de seis *pences* caso se conheça bem o sistema inglês de cunhagem, isto é, caso se saiba a diferença entre elas. Na idéia deles de Céu, todos esses significados estavam latentes, prontos para vir à tona mais tarde, quando analisados. Eles jamais pensaram simplesmente no céu azul ou num simples céu "espiritual". Quando olhavam para o céu azul, jamais duvidaram de que lá, de onde descia a luz, o calor e a preciosa chuva, fosse a casa de Deus. No entanto, quando pensavam em alguém subindo para esse Céu, jamais duvidavam que Ele estivesse "subindo" no que chamaríamos "sentido *espiritual*". O período real e

[5]Moeda inglesa equivalente a uma libra esterlina, assim chamada por trazer a efígie do soberano [N. do E].

pernicioso do literalismo veio mais tarde, na Idade Média e no século XVII, quando foram feitas as distinções, e alguns desastrados tentaram unir de novo os conceitos, mas de maneira errada. O fato de os pastores da Galiléia não poderem distinguir o que viram na Ascensão daquele tipo de subida que, pela própria natureza, jamais poderia ter sido visto não prova que não fossem espirituais nem que nada viram. O homem que realmente acredita estar o "Céu" no firmamento pode muito bem ter dele, em seu íntimo, um conceito espiritual mais verdadeiro que muitos lógicos de hoje, que poderiam expor essa falácia com um golpe de pena. Pois aquele que faz a vontade do Pai conhecerá a doutrina. Os esplendores materiais irrelevantes na idéia que tal homem faz da visão de Deus não irão causar danos, pois não estão ali por si mesmos. A pureza extraída de tais imagens, no pensamento simplesmente teórico do cristão, não resultará em bem nenhum se elas tiverem sido banidas apenas pela crítica lógica.

Devemos, porém, adiantar-nos um pouco. Não se trata de pura casualidade que pessoas simples, embora espirituais, misturassem as idéias de Deus, do Céu e do firmamento azul. É um fato, e não ficção, que a luz e o calor que dão vida descem do céu para a Terra. A analogia da função do céu com o ato de gerar e o da Terra com o de produzir é sólida até certo ponto. A imensa abóbada do céu, de todas as coisas percebidas sensorialmente, é a que mais se assemelha ao infinito. E Deus, quando fez o espaço e os mundos que se movem nele, revestindo nosso mundo de ar e dando-nos os olhos e a imaginação que temos, sabia o que o céu viria a significar para nós. Como nada é acidental em Sua obra, se Ele sabia, então essa era Sua intenção. Não podemos estar certos de que esse não tivesse sido, na verdade, o propósito principal para a criação da Natureza, menos ainda que não fosse uma das razões específicas por que foi permitido que a retirada se mostrasse aos sentidos humanos como um movimento ascendente. (Um desaparecimento para dentro da Terra teria gerado uma religião totalmente diversa.) Os antigos, permitindo que o simbolismo espiritual do céu fluísse para sua mente sem se deter para descobrir, pela análise, que se tratava de um símbolo, não estavam completamente enganados. De certo modo, talvez estivessem menos enganados que nós.

Digo isso porque caímos na dificuldade oposta. Vamos confessar que provavelmente todo cristão de hoje acha difícil conciliar as duas coisas que lhe contaram sobre o "céu" isto é, de um lado, a vida em Cristo, uma visão de Deus, uma adoração incessante, e de outro, uma vida corporal. Quando parecemos mais próximos da visão de Deus nesta vida, o corpo se mostra quase irrelevante. E se tentamos conceber nossa vida eterna como corporal (qualquer espécie de corpo), tendemos a descobrir que um sonho vago de paraísos platônicos ou dos jardins das Hespérides[6] passou a substituir aquela abordagem mística que sentimos (e julgo que com acerto) ser mais importante. Todavia, se essa discrepância fosse final, seguir-se-ia então que Deus enganou-se ao introduzir nosso espírito na ordem Natural, o que é absurdo. Devemos concluir que a discrepância em si é precisamente uma das desordens que a Nova Criação vem sanar. O fato de corpo,

[6]Filhas da Noite, que guardavam seus jardins no extremo ocidental do mundo, onde defendiam as maças de ouro que Hércules (em um de seus 12 trabalhos) mais tarde veio recolher [N. do R.].

localidade, locomoção e tempo parecerem agora irrelevantes ao alcance mais elevado da vida espiritual (como o fato de podermos pensar em nosso corpo como "grosseiro") é um *sintoma*. O espírito e a Natureza entraram em conflito em nós, e esse é o nosso mal. Nada que possamos fazer nos capacita a imaginar sua cura completa. Temos alguns vislumbres e leves insinuações: nos sacramentos, no uso de uma linguagem figurada sensual sugerida pelos grandes poetas, nos melhores momentos do amor sexual, em nossas experiências da beleza da Terra. Entretanto, a cura completa está absolutamente fora de nossos conceitos presentes. Os místicos avançaram na contemplação de Deus até o ponto em que os sentidos são postos de lado: o ponto seguinte, em que são recolocados, não foi ainda alcançado por ninguém (pelo que sei). O destino do homem remido não é menos, e sim mais inconcebível que o misticismo nos levaria a presumir por estar repleto de semi-imagináveis que não podemos admitir no presente sem destruir seu caráter essencial.

Devo tocar num ponto que, embora eu permanecesse silencioso a respeito dele, estaria mesmo assim presente para muitos leitores. A letra e o espírito das Escrituras, e de todo o Cristianismo, nos proíbem supor que essa vida na Nova Criação será sexuada, e isso reduz nossa imaginação à triste alternativa de corpos que dificilmente serão reconhecíveis como humanos ou que viverão um jejum perpétuo. Com relação à abstinência, penso que nossa perspectiva atual seja a de um menino que, ao lhe contarem que o ato sexual representa o mais elevado prazer físico, perguntasse imediatamente se você poderia comer chocolate ao mesmo tempo. Ao receber uma resposta "negativa", ele talvez viesse a considerar a ausência de chocolate a principal característica da sexualidade. Seria inútil dizer-lhe que os amantes, em seu êxtase sexual, não se preocupam com chocolate, pois têm algo melhor em que pensar. O menino conhece o chocolate, mas não o elemento positivo que o exclui. Achamo-nos na mesma posição. Conhecemos a vida sexual e desconhecemos, exceto por vislumbres, a outra coisa que, no Céu, não deixará lugar para ela. Assim, onde a plenitude nos aguarda, antecipamos o jejum. Ao negar que essa vida sexual, como agora a entendemos, faça parte da bem-aventurança final, não é obviamente necessário supor que a distinção entre os sexos irá desaparecer. O que não for mais necessário para os propósitos biológicos pode vir a sobreviver pelo esplendor. A sexualidade é tanto o instrumento da virgindade quanto o da virtude conjugal: nem homens nem mulheres terão de depor as armas que empregaram com triunfo. São os derrotados e os fugitivos que largam mão da espada. Já os conquistadores a embainham e a mantêm consigo. "Além-sexual" seria um termo melhor que "assexuado" para a vida celestial.

Sei perfeitamente que o parágrafo anterior pode parecer infeliz para muitos leitores e cômico para outros. No entanto, justamente essa comédia, como devo insistir repetidamente, é o sintoma de nossa alienação como espíritos da Natureza e nossa alienação do Espírito como animais. Todo o conceito da Nova Criação envolve a crença de que tal alienação será sanada, com um resultado curioso. O pensamento arcaico, que não podia distinguir o "Céu" espiritual do firmamento, representa um tipo confuso de idéias de nosso ponto de vista, mas também se assemelha e antecipa uma espécie de pensamento que um dia será verdadeiro. Esse modo de pensar arcaico tornar-se-á simplesmente a espécie correta quando a Natureza e o Espírito estiverem plenamente harmonizados, quando o Espírito montar a Natureza com tanta perfeição que juntos se tornarão mais um *Centauro* que um cavaleiro montado. Não quero dizer necessariamente que a fusão entre Céu e firmamento virá a ser especialmente verdadeira, mas que ela irá representar com precisão a realidade que passará a existir. Não haverá lugar para a mais fina lâmina de pensamento entre Espírito e Natureza, pois toda a situação na Nova Natureza será a manifestação perfeita de uma condição espiritual, o conhecimento a respeito de uma determinada situação, uma união como a do perfume com a flor ou a do "espírito" da boa poesia com sua forma. Na história do pensamento humano, como em outras coisas, existe um padrão de morte e novo nascimento. O pensamento antigo, ricamente imaginativo, que ainda sobrevive em Platão, necessita submeter-se ao processo da análise lógica, que embora se assemelhe à morte é indispensável: natureza e espírito, matéria e mente, fato e mito, o literal e o metafórico precisam ser mais e mais separados, até que finalmente um Universo puramente matemático e uma mente puramente subjetiva se defrontem diante de um abismo intransponível. Todavia, a essa descida, caso o pensamento em si deva sobreviver, também deve corresponder uma ascensão, e o conceito cristão faz isso. Os que alcançarem a ressurreição gloriosa verão os ossos novamente revestidos de carne, o fato e o mito voltarem a unir-se, o literal e o metafórico precipitarem-se um na direção do outro.

O comentário ouvido tantas vezes que o "Céu é um estado de mente" dá testemunho da fase sombria e fúnebre desse processo em que agora vivemos. Fica implícito na frase "o Céu é um estado de mente" ou, mais corretamente, de espírito que deve ser então apenas um estado de espírito ou pelo menos que, se for acrescentada qualquer outra coisa a esse espírito, ela seria irrelevante. Qualquer outra grande religião, exceto o Cristianismo, diria isso. Contudo o ensinamento cristão que afirma que Deus fez o mundo e o achou bom sustenta que a Natureza (ou o meio ambiente) não pode ser simplesmente irrelevante para o bem-estar espiritual como um todo em uma Natureza particular, por mais que eles tenham-se afastado durante os dias de seu cativeiro. Ao ensinar a ressurreição do corpo, diz esse ensino que o Céu não é simplesmente um estado de espírito, mas também um estado físico e, portanto, um estado da Natureza como um todo. É verdade que Cristo disse a Seus ouvintes que o Reino dos Céus estava "dentro" ou "entre" eles. Contudo, esses ouvintes não se achavam simplesmente "num estado de mente". O planeta que Ele havia criado achava-se debaixo dos pés e o sol acima da cabeça deles; sangue, pulmões e vísceras funcionavam nos corpos que Ele criou; fótons e ondas sonoras por Ele formadas abençoavam-nos com a visão de Sua face humana e com o som de Sua voz. Jamais estamos apenas num estado de espírito. A oração e a meditação feitas sob vento cortante ou debaixo de um sol tranqüilo, na alegria da manhã ou na resignação da tarde, na juventude ou na velhice, na saúde ou na doença, podem ser igualmente abençoadas, embora de modo diferente. Já na vida presente todos vimos como Deus pode tomar toda essa aparente irrelevância dos fatos espirituais e fazer com que tenham uma participação significativa na bênção desse momento, a fim de fazer delas uma bênção especial, assim como o fogo pode queimar igualmente o carvão e a madeira, sendo o fogo da madeira diferente do fogo do carvão. O Cristianismo não nos ensina a desejar libertação completa desse fator ambiental. Desejamos, como Paulo, ser revestidos, e não despojados. Não queremos descobrir o amorfo Todo Lugar e Nenhum Lugar, e sim a terra prometida, aquela Natureza que será sempre e perfeitamente o instrumento para a música que surgirá então entre Cristo e nós — como a Natureza atual o é de maneira parcial e intermitente.

Você então pergunta: Isso faz diferença? Tais idéias não nos instigam e nos distraem das coisas mais imediatas e mais certas — do amor de Deus e de nosso próximo, da cruz que carregamos diariamente?. Se descobrirmos que tais pensamentos nos perturbam, não pensemos mais no assunto. Devo admitir plenamente que é muito melhor para mim e para você nos calarmos diante de uma zombaria ou estender um pensamento caridoso a um inimigo que conhecer tudo que anjos e arcanjos sabem sobre os mistérios da Nova Criação. Escrevo a respeito dessas coisas, não por terem importância vital, mas porque este livro se refere a milagres. Pelo título, você não esperaria que fosse um livro devocional ou de teologia mística. Não admito, entretanto, que os assuntos discutidos nas últimas páginas não tenham importância para a prática da vida cristã, pois suspeito que nosso conceito de Céu como um *simples* estado de espírito relaciona-se com o fato de que a virtude cristã da Esperança enfraqueceu muito em nossos dias. Onde nossos pais, perscrutando o futuro, viram lampejos dourados, vemos apenas a bruma branca, informe, fria e imóvel.

A idéia por trás de toda essa espiritualidade negativa é algo realmente não permitido aos cristãos. Entre todos os homens, justamente eles não devem conceber a alegria e os valores espirituais como coisas que precisam ser resgatadas e ternamente protegidas do tempo, do lugar, da matéria e dos sentidos. Seu Deus é o Deus do trigo, do óleo e do vinho. Ele é o alegre Criador, que veio a encarnar. Os sacramentos foram instituídos. Certos dons espirituais só nos são oferecidos com a condição de realizarmos determinados atos corporais. Depois disso, não podemos mais ter dúvidas quanto às Suas intenções. Retroceder de tudo que pode ser chamado Natureza em direção a uma espiritualidade negativa é como fugir dos cavalos, em vez de aprender a montar. Em nossa atual condição de peregrinos, existe espaço suficiente (mais do que a maioria de nós aprecia) para a abstinência e para a renúncia, assim como para a mortificação dos desejos naturais. Por trás de todo esse ascetismo, porém, a idéia deve ser: "se vocês não forem dignos de confiança em lidar com as riquezas deste mundo ímpio, quem lhes confiará as verdadeiras riquezas?"[7]. Quem me confiará um corpo espiritual, se não posso controlar sequer um corpo terreno? Esse corpo pequeno e perecível que temos agora foi-nos dado como os pôneis são dados aos meninos. Devemos aprender a manejá-los, não porque algum dia iremos nos livrar completamente dos cavalos, mas para que possamos um dia montar sem sela, confiantes e alegres, aquelas montarias maiores, aqueles animais alados e brilhantes que fazem tremer o mundo. É provável que estes

[7]Cf. Lucas 16.11 [N. do E.].

agora mesmo estejam nos esperando com impaciência, escavando o chão e resfolegando nos estábulos do Rei. Não que o galope valesse alguma coisa, a não ser na companhia dEle. De que outro modo, entretanto, já que Ele manteve preso Seu próprio cavalo de guerra, poderíamos acompanhá-Lo?

Capítulo dezessete
Epílogo

> Deixar uma coisa sozinha é, de fato, deixá-la exposta a uma torrente de mudanças. Assim, se abandonamos um poste pintado de branco, em pouco tempo teremos um poste enegrecido.
>
> G. K. Chesterton, *Ortodoxia*

Meu trabalho termina aqui, e, caso você se interesse pelo estudo das evidências históricas, comece com o Novo Testamento, e não com livros que falem a respeito dele. Se não souber grego, consiga uma tradução moderna — a de Moffat é provavelmente a melhor, mas a de monsenhor Knox é também boa. Não aconselho a versão *Basic English*. Depois de pesquisar o Novo Testamento e voltar aos eruditos modernos, lembre-se de que estará entre eles como ovelha no meio de lobos. Você certamente será bombardeado por todos os lados com suposições Naturalistas, com a aceitação de questões como aquela mencionada na abertura deste livro, até mesmo pela pena de alguns clérigos. Isso não significa (como fui tentado certa vez a suspeitar) que esses clérigos sejam apóstatas disfarçados que se aproveitam deliberadamente da posição e do sustento que lhes concede a Igreja Cristã para minar o Cristianismo. Origina-se do que podemos chamar "seqüela". Todos nós estamos impregnados de Naturalismo; nem mesmo a conversão tem efeito imediato sobre essa infecção que ataca nosso sistema. As suposições do Naturalismo precipitam-se sobre nossa mente, no instante em que nos descuidamos com a vigilância, e, em parte, o comportamento desses estudiosos resulta de uma idéia bastante favorável, que é realmente tão honrosa a ponto de ser exagerada. Temem que o inimigo leve vantagem, considerando-a um justo direito seu e em conseqüência, tornam o Naturalismo parte de seu método para eliminar o sobrenatural, seja onde for e mesmo que remotamente possível, a fim de forçar uma explicação natural até o ponto de ruptura antes de admitir a menor indicação de milagre. Exatamente com o mesmo espírito, alguns examinadores tendem a estigmatizar todo candidato cujas opiniões, e caráter, e obra lhes causem indignação. Temos tanto medo de ser levados a cometer injustiça pela nossa aversão imediata ao indivíduo que nos sujeitamos a nos arriscar e tratá-lo gentilmente. Muitos eruditos cristãos de hoje arriscam-se demais por semelhante razão.

Ao fazer uso das obras de pessoas assim, precisamos, contudo, estar continuamente alerta. Devemos desenvolver um olfato como o dos cães de caça para aquelas fases da argumentação que não dependem de conhecimento histórico e lingüístico, mas que estão sujeitas às suposições dissimuladas de que os milagres são impossíveis, improváveis ou impróprios. Isso significa que devemos realmente nos reeducar, nos esforçar muito e continuamente para eliminar de nossa mente o tipo de pensamento em que fomos educados. Trata-se da espécie de pensamento que, sob vários disfarces, foi no decorrer deste livro nosso adversário, isto é, o que é conhecido tecnicamente como *Monismo*, mas pode ser que o leitor menos erudito compreenda melhor se eu o chamar *Tudismo*. Refiro-me a isso para indicar a crença de que "tudo" ou "o conjunto" deve ser auto-existente, mais importante que qualquer coisa em particular e que contenha todas as coisas particulares de forma que não sejam realmente muito diferentes umas das outras, para que não sejam simplesmente "de acordo com", mas a coisa em si. Assim, o Tudista, se começa com Deus, torna-se um panteísta: não há nada que não seja Deus; se começa com a Natureza, torna-se um Naturalista e para ele não há nada que não seja Natureza. Com o tempo, acha que tudo é "simplesmente" antecedente, ou desenvolvimento, ou relíquia, ou exemplo ou disfarce de alguma coisa mais. Acredito que essa filosofia seja profundamente falsa. Entre os pensadores contemporâneos, há quem diga que a realidade seja "incorrigivelmente plural", e concordo com isso. Todas as coisas vêm de Um só. Todas se relacionam de modos diferentes e complexos. No entanto, nem todas as coisas são uma. A palavra "tudo" deveria significar simplesmente o total (a ser alcançado, se soubéssemos o bastante, por enumeração) de todas as coisas que existem num determinado momento. A ela não deveria ser atribuída grande importância mental nem (sob a influência da imagem mental) ser transformada numa espécie de lago em que coisas específicas afundam, nem mesmo num bolo em que as groselhas estejam apenas na superfície. A realidade é cortante, nodosa, complexa e desigual. O "pode-tudismo" é apropriado à nossa mente por ser a filosofia natural de uma era totalitária, de produção em massa, conscrita. Eis a razão por que devemos nos manter perpetuamente em guarda contra isso.

E outra vez... outra vez... É esse *outra vez* que temo mais que qualquer argumento positivo contra os milagres, esse movimento de retorno flexível de nossa perspectiva habitual, à medida que fechamos o livro e as quatro paredes familiares ao redor, somadas aos ruídos familiares da rua, se acomodam novamente. Pode ser (se ouso presumir tanto) que tenhamos sido seduzidos, às vezes, enquanto líamos, que tenhamos sentido esperanças e temores antigos se agitarem em nosso coração, chegando talvez quase no limiar da fé — mas, e agora? Não! Não adianta. Eis o mundo comum, o "autêntico" mundo rodeando-nos outra vez. O sonho está acabando, assim como todos os outros sempre se acabaram, pois, naturalmente, não foi a primeira vez que isso aconteceu. Mais de uma vez, ao longo da vida, já ouvimos uma história estranha, lemos um livro curioso, vimos algo diferente ou imaginamos ter visto, alimentamos esperanças ou temores irrefletidos, mas tudo sempre acabou da mesma forma. E nos perguntamos como pudemos, por um momento sequer, pensar que não seria assim, já que, ao retornar a este "mundo real", ele é tão vazio de respostas? *É claro* que a história era falsa, que a voz era subjetiva, que o presságio aparente não passou de coincidência, e nos envergonhamos por termos pensado de outra maneira — envergonhados, aliviados, divertidos, desapontados e zangados, tudo ao mesmo tempo. Deveríamos já saber, como diz Arnold, que "Milagres não acontecem".

Sobre essa situação, tenho apenas duas coisas a dizer. A primeira é que esse é precisamente um daqueles contra-ataques da Natureza que, de acordo com minha teoria, já deveria ter sido previsto pelo leitor, pois o pensamento racional não tem apoio no mero consciente natural, a não ser naquilo que vence e que mantém pela conquista. No momento em que o pensamento racional é interrompido, a imaginação, o hábito mental, o temperamento e o "espírito da época" tomam conta do indivíduo novamente e novos pensamentos, até que se tenham tornado habituais, passam a influenciar a consciência como um todo, apenas durante o processo de inserção desses novos pensamentos. A razão precisa simplesmente permitir sua colocação, e imediatamente o controle da Natureza entra em funcionamento. Por essa razão, embora se deva dar total atenção aos contra-argumentos que se opõem ao milagre (pois, se estou errado, então quanto mais cedo for refutado, melhor, não só para você, mas também para mim), a mera gravitação da mente de volta à sua perspectiva habitual não deve ser levada em conta, não só nesta pesquisa como em todas as outras. Aquele mesmo espaço familiar, confirmando a si mesmo enquanto fechamos o livro, pode fazer que outras coisas, além de milagres, *pareçam* inacreditáveis. Quer o livro tenha dito que o fim de toda a civilização está próximo, que nos mantenhamos na cadeira pela curvatura do espaço ou que estejamos de cabeça para baixo em relação à Austrália, ele pode mesmo assim continuar parecendo um pouco fora da realidade, enquanto bocejamos e pensamos em ir para cama. Descobri que mesmo uma simples verdade (por exemplo, que minha mão, que agora descansa sobre o livro, será um dia a mão de um esqueleto) pode ser pouco convincente em tais momentos. O "sentimento de crença", como diz o dr. Richards, não segue a razão, a não ser mediante um longo treinamento. Ele segue a Natureza: os sulcos e ranhuras que já existem na mente. A convicção teórica mais firme a favor do materialismo não irá impedir que um tipo particular de indivíduo, sob determinadas condições, tenha medo de fantasmas. A convicção teórica mais firme a favor dos milagres não irá impedir que outro tipo de homem, em outras condições, *sinta* uma certeza irredutível, inescapável, de que milagre algum poderá jamais ocorrer. No entanto, os sentimentos de um indivíduo cansado e nervoso, inesperadamente obrigado a passar a noite numa casa de campo grande e vazia no final de uma viagem em que esteve lendo uma história de fantasmas não são evidência de que estes existem. Nossos sentimentos nesse momento não são evidências de que milagres não ocorram.

A segunda coisa é que provavelmente estejamos certos em pensar que jamais veremos um milagre, assim como em pensar que sempre houve uma explicação natural para tudo em nossa vida, mesmo que tenha parecido, à primeira vista, "estranho" ou "singular". Deus não salpica milagres sobre a Natureza, ao acaso, como se faz com um saleiro ou pimenteiro. Eles surgem em grandes ocasiões e encontram-se nos grandes centros de poder histórico — não da história política ou social, mas da espiritual, que não pode ser plenamente conhecida pelos homens. Entretanto, se sua vida não se acha próxima de um desses grandes centros, como esperar vê-los? Se fôssemos missionários, apóstolos ou mártires heróicos, a coisa seria diferente. Mas por que você ou eu? A não ser que moremos perto de uma estrada de ferro, não veremos os trens passarem pela nossa janela. Qual a probabilidade de um de nós presenciar a assinatura de um tratado de paz, uma grande descoberta científica ou um ditador cometer suicídio? E de vermos um milagre? Certamente, é ainda menos provável! Além disso, nem mesmo ficamos ansiosos à espera disso. "Quase não vemos milagres, apenas miséria"[1]. Os milagres e os martírios tendem a agrupar-se em torno das mesmas áreas da História — áreas nas quais não temos interesse em nos envolver. Aconselho a todos, com sinceridade, que não exijam uma prova ocular, a não ser que estejam perfeitamente certos de que isso não esteja prestes a acontecer.

[1]"Nothing almost sees miracles but misery" — frase atribuída à peça *Rei Lear*, de William Shakespeare [N. do T.].

Apêndice A
Sobre as palavras "espírito" e "espiritual"

Devo advertir o leitor de que o ponto de vista do qual o Homem é abordado no capítulo 4 é muito diferente daquele que seria apropriado numa obra devocional ou num tratado prático sobre a vida espiritual. A espécie de análise que é feita em relação a qualquer coisa complexa depende do propósito que se tem em vista. Numa sociedade, portanto, as distinções que valeriam a pena ser feitas, de determinado ponto de vista, seriam aquelas entre homem e mulher, crianças e adultos, e assim por diante. Já de acordo com outros conceitos, seriam aquelas distinções entre governantes e governados e de um terceiro: as diferenças entre classe ou profissão poderiam ser as mais importantes. Todas essas análises talvez fossem igualmente corretas, mas serviriam a propósitos diferentes. Quando estamos considerando o Homem como evidência para o fato de que esta Natureza espaço-temporal não é a única coisa que existe, uma distinção importante seria entre a parte do homem que pertence a essa Natureza espaço-temporal e a que não pertence. Ou, se preferirmos, entre aqueles fenômenos da humanidade que se acham rigidamente interligados com todos os demais eventos neste espaço-tempo e aqueles com alguma independência. Essas duas partes de um homem podem perfeitamente ser chamadas Natural e Sobrenatural. Com "Sobrenatural", queremos dizer que se trata de algo que invade ou é acrescentado ao grande acontecimento interligado no espaço e no tempo, em vez de simplesmente surgir dele. No entanto, essa parte "Sobrenatural" é em si um ser criado, uma coisa chamada à existência pelo Ente Absoluto, a qual recebe dEle certo caráter ou "natureza". Poderíamos dizer então que, enquanto o "sobrenatural" em relação a *esta* Natureza (este acontecimento complexo no espaço e no tempo) é, em outro sentido, "natural", é também o modelo de uma classe de coisas que Deus normalmente cria após um padrão estável.

Existe, porém, um sentido em que a existência desse fragmento pode tornar-se *absolutamente* Sobrenatural, isto é, não além *desta* Natureza, mas além de qualquer Natureza, no sentido de que pode alcançar um estilo de vida que jamais poderia ser concedido a qualquer ser criado em sua mera criação. A distinção talvez se torne mais clara se a considerarmos em relação aos anjos, e não aos homens. (Não importa aqui se o leitor acredita ou não em anjos: cito-os apenas para esclarecer o ponto.) Todos os anjos, tanto os "bons" quanto os maus ou "caídos", a que chamamos demônios, são igualmente "Sobrenaturais", em relação a *esta* Natureza espaço-temporal, isto é, encontram-se fora dela e têm poderes e um modo de existência que ela não poderia prover. Todavia, os anjos bons têm uma vida que é também Sobrenatural em outro sentido, a saber, que eles voluntariamente ofereceram de volta a Deus, em amor, as "naturezas" que receberam dele na Criação. Todas as criaturas naturalmente dependem de Deus para viver, no sentido de que Ele as fez e as mantém existindo a cada momento. Entretanto, existe outro tipo de vida mais elevada "proveniente de Deus", que só pode ser dada a uma criatura que voluntariamente se renda a ela: os anjos bons possuem essa vida, mas os maus não, a qual é plenamente Sobrenatural porque criatura alguma em mundo algum pode tê-la pelo simples fato de ser a espécie de criatura que é.

Assim como ocorre com os anjos, acontece conosco: a parte racional de todo homem é relativamente sobrenatural — no mesmo sentido em que anjos e demônios são sobrenaturais. Contudo, se esse homem é, como dizem os teólogos, "nascido de novo", se há submissão a Deus, em Cristo, terá então uma vida absolutamente Sobrenatural, que não é criada, mas gerada, pois a criatura está então partilhando a vida gerada da Segunda Pessoa da Divindade.

Quando os autores devocionais falam da "vida espiritual" e muitas vezes quando falam da "vida sobrenatural" ou quando, eu mesmo em outro livro falo de *Zoë*, eles se referem à vida *absolutamente* Sobrenatural que nenhuma criatura pode receber simplesmente por ser criada, mas que toda criatura racional pode ter, ao se entregar voluntariamente à vida de Cristo. Surge, porém, muita confusão porque em muitos livros as palavras "Espírito" ou "Espiritual" também são usadas para indicar o elemento *relativamente* sobrenatural no Homem, o elemento externo a *essa* Natureza que (por assim dizer) é "emitido" ou distribuído a ele pelo simples fato de ter sido criado como Homem.

Talvez fosse interessante fazer uma lista dos significados que as palavras "espírito", "espíritos" e "espiritual" assumem.

1. O sentido químico, isto é, os "Espíritos evaporam rapidamente".

2. O sentido médico (atualmente fora de uso). Os antigos médicos acreditavam em certos fluidos extremamente refinados no corpo humano, chamados "os espíritos". Na ciência médica, esse conceito já foi deixado de lado há muito tempo, mas deu origem a algumas das expressões que ainda usamos — por exemplo, quando falamos de alguém se achar "com o espírito elevado" ou "com o espírito pesado", ou quando dizemos que um cavalo se mostra "espiritado" ou que certo menino está "tomado por espíritos animais".[1]

3. O termo "espiritual" é empregado com freqüência para indicar simplesmente o oposto de "corpóreo" ou "material". Desse modo, tudo que é imaterial no homem (emoções, paixões, memória etc.) é geralmente chamado "espiritual". É importante lembrar que nem tudo que recebe o nome de "espiritual", nesse sentido, é necessariamente bom. Não há nada especialmente bom no simples fato de ser imaterial. O que é imaterial, como as coisas materiais, tanto pode ser bom, ruim ou neutro.

4. Alguns usam o termo "espírito" para indicar aquele elemento relativamente sobrenatural, concedido a todo homem na criação, isto é, o elemento racional. Em minha opinião, esse é o melhor uso que se pode fazer do termo. Novamente, é importante observar que nem tudo que é "espiritual" é necessariamente bom. Um Espírito (nesse sentido) pode ser tanto a melhor quanto a pior das coisas criadas, visto

[1]Ou com *espírito de porco*, como se diz no Brasil [N. do T.].

que o Homem é (nesse sentido) um animal espiritual, justamente por isso ele pode tornar-se tanto filho de Deus quanto do diabo.

5. Finalmente, os autores cristãos usam "espírito" e "espiritual" para indicar a nova vida dos seres racionais quando estes se rendem voluntariamente à graça Divina e se tornam filhos do Pai celestial em Cristo. É única e exclusivamente nesse sentido que o "espiritual" sempre é bom.

É inútil lamentar que as palavras tenham mais de um sentido. A linguagem é viva, e as palavras se interligam para produzir novos sentidos, assim como as árvores produzem novos ramos, o que não devemos considerar como desvantagem, uma vez que, ao decifrar esses sentidos, aprendemos muito sobre as coisas envolvidas que, de outro modo, teríamos negligenciado. Entretanto, é desesperador que qualquer palavra possa mudar de sentido durante uma discussão, sem termos consciência disso. Assim, pela discussão feita até aqui, seria benéfico dar nomes diferentes às três coisas indicadas pela palavra "Espírito", nos sentidos três, quatro e cinco. Para o sentido três, uma boa interpretação seria o termo "alma" acompanhado pelo adjetivo "psicológico". Para o sentido quatro, podemos manter os termos "espírito" e "espiritual". Para o sentido cinco, o melhor adjetivo seria "regenerado", mas não existe um substantivo muito apropriado para ele.[2] Isso talvez seja significativo, pois não estamos falando de uma

[2]O "espírito", nesse sentido, é idêntico ao Novo Homem (o Cristo representado em cada cristão perfeito) que alguns teólogos latinos chamam simplesmente nosso *Novitas*, isto é, nossa "novidade" [N. do A.].

parte (ou elemento) no Homem (como a *alma* e o *espírito* o são), mas de um questionamento e uma revitalização de todas as partes. Em certo sentido, então, o homem regenerado não possui nada a mais que o não regenerado, assim como não existe diferença entre o homem que anda na direção certa e aquele que segue o caminho errado. Em outro sentido, porém, pode-se dizer que o homem regenerado é *totalmente* diferente do não regenerado. Pela vida regenerada, o Cristo representado nele transforma cada parte de seu ser, e nessa vida o espírito, a alma e o corpo experimentarão um novo nascimento. Portanto, se a vida regenerada não fizer *parte* do homem, isso se deve grandemente ao fato de que, onde quer que ela comece, não descansa até que opere uma transformação total e completa no homem. Ela não está separada de nenhuma das partes, como estas se acham divididas umas das outras. A vida do "espírito" (no sentido quatro), de determinado ponto de vista, acha-se separada da vida da alma, e o homem puramente racional e moral que tenta viver inteiramente pelo seu espírito criado se vê forçado a tratar paixões e imaginações de sua alma como simples inimigos a serem destruídos ou aprisionados. Já o homem regenerado, por fim, achar-se-á com sua alma harmonizada com seu espírito, pela vida de Cristo que está nele. Por isso, os cristãos crêem na ressurreição do corpo, enquanto os filósofos da Antiguidade consideravam o corpo um estorvo, e esta talvez seja uma lei universal: quanto mais você sobe, mais fundo desce. O homem é uma torre na qual o acesso aos diferentes andares é muito difícil de um para o outro, mas todos podem ser alcançados do último andar.

Observação: Na Versão Autorizada, homem "espiritual" significa o que chamo homem "regenerado". Já homem "natural", penso eu, é tanto o que chamo "homem-espírito" quanto "homem-alma".

Apêndice B
Sobre as "providências"

Neste livro, o leitor deparou com apenas duas classes de acontecimento: os milagres e os eventos naturais. Os primeiros não estão interligados com a história da Natureza em retrocesso, isto é, com o momento anterior à sua ocorrência, mas os últimos estão. Muitas pessoas religiosas, contudo, referem-se a determinados eventos como "providenciais" ou "providências especiais", sem indicar com isso que sejam milagrosos. Isso implica geralmente a crença de que, independentemente dos milagres, alguns eventos são providenciais num sentido em que outros não o são. Eis a razão por que alguns consideram que as condições climáticas responsáveis pelo sucesso de nosso exército em Dunquerque[1] foram "providenciais", de certa forma, já que o clima como um todo não costuma ser providencial. A doutrina cristã de que alguns acontecimentos, embora não milagrosos, são ainda

[1]Referência à Batalha de Dunquerque, em 1940. W. Churchill usou a expressão "o milagre de Denquerque" para referir-se à retirada estratégica das tropas britânicas de Dunquerque, França, durante a Segunda Guerra Mundial [N. do E.].

assim respostas à oração, a princípio, parece defender a mesma questão.

Penso que não é fácil conceber uma classe intermediária de acontecimentos que não são milagrosos nem simplesmente "comuns". Foram ou não as condições climáticas em Dunquerque aquilo que a história física anterior do Universo inevitavelmente iria produzir? Se foram, como podem ter sido "particularmente" providenciais? Se não o foram, então tivemos um milagre.

Parece-me, portanto, que devemos abandonar a idéia de que exista qualquer classe especial de acontecimentos (à exceção dos milagres) que possa ser caracterizada como "particularmente providencial". A não ser que abandonemos a concepção de Providência de uma vez por todas, e com ela a crença na oração eficaz, concluiremos que todos os eventos são igualmente providenciais. Se Deus dirige realmente o curso dos acontecimentos, Ele então governa o movimento de cada átomo a cada momento. Nem um pardal cai por terra sem sua permissão. A "naturalidade" dos eventos naturais não consiste, de alguma forma, em estar fora da providência de Deus, mas consiste em sua interligação mútua dentro de um espaço-tempo comum, de acordo com o padrão estabelecido das "leis".

Com o objetivo de obter uma imagem completa de alguma coisa, às vezes é necessário começar com uma imagem falsa para, em seguida, corrigi-la. A falsa imagem da Providência (falsa por representar Deus e a Natureza como se estivessem ambos contidos num Tempo comum) seria como segue: cada acontecimento na Natureza é conseqüência de outro, anterior, e não das leis da Natureza. Com o tempo, o primeiro acontecimento natural, qualquer que tenha sido, ditou cada um dos demais eventos, isto é, quando Deus, no momento da criação, introduziu o primeiro evento na estrutura das "leis"; quando Ele deu o primeiro impulso à bola e determinou toda a história da Natureza. Ao prever-se cada parte dessa história, percebe-se que Ele planejou cada parte dela. Se Ele tivesse desejado condições atmosféricas diferentes em Dunquerque, teria feito o primeiro evento levemente distinto.

O clima que tivemos foi, portanto, providencial no sentido mais estrito. Foi determinado e planejado com um propósito, quando o mundo foi criado, porém não mais (embora de maneira mais interessante para nós) que a precisa posição neste momento de cada átomo no anel de Saturno.

Resulta então (retendo ainda nossa falsa imagem) que todo evento físico foi, portanto, determinado para servir um grande número de propósitos.

Nesse caso, devemos supor que Deus, ao predeterminar o clima em Dunquerque, deve ter pelo menos considerado o efeito que teria não apenas sobre o destino de duas nações, como também (o que é muito mais importante) sobre todos os indivíduos envolvidos de ambos os lados, sobre todos os animais, vegetais e minerais a uma determinada distância e finalmente sobre cada átomo no Universo. Pode ser que pareça exagero, mas na realidade estamos atribuindo ao Onisciente apenas um grau infinitamente superior do mesmo tipo de habilidade que um simples romancista humano executa diariamente para construir seu enredo.

Suponhamos que eu esteja escrevendo um romance e tenha em mãos os seguintes problemas: 1) o velho sr. A precisa morrer antes do capítulo 15; 2) será melhor que morra de repente, pois tenho de impedir que altere seu testamento; 3) sua filha (minha heroína) precisa ficar fora de Londres durante pelo menos três capítulos; 4) meu herói precisa, de qualquer jeito, recuperar a boa imagem que possuía para a heroína, mas que foi perdida no capítulo 7; 5) àquele arrogante jovem B, que precisa melhorar antes do final do livro, será necessário aplicar um choque moral, para que deixe de ser convencido; 6) não decidimos ainda sobre o emprego de B, mas todo o desenvolvimento de sua personagem exigirá que lhe demos um emprego e que o vejamos, de fato, trabalhando. Entretanto, como vou lidar com esses seis itens? Já sei: que tal um acidente de trem? O velho A morreria, e isso determina o destino dele. Para dizer a verdade, o acidente pode ocorrer enquanto viaja para Londres a fim de consultar seu advogado exatamente com a idéia de modificar o testamento. Haveria algo mais natural que a filha estar, inesperadamente, com ele? Faremos com que sofra ferimentos leves no acidente, o que a impedirá de chegar a Londres durante quantos capítulos quisermos. E o mocinho pode estar no mesmo trem e mostrar-se muito calmo e heróico durante o acidente, sendo também provável que salve a heroína de um vagão em chamas. Isso decidiria meu quarto ponto. E o jovem convencido B? Faremos dele o guarda da estrada de ferro, cuja negligência provocou o desastre, o que o abalará moralmente e também o ligará à trama principal. De fato, no momento em que pensamos no acidente de trem, resolvemos os seis pontos, aparentemente isolados um do outro, num único acontecimento.

Essa é, sem dúvida, de muitas maneiras, uma imagem intoleravelmente enganadora: primeiro, porque (exceto no que se refere ao presunçoso B) não pensei no bem supremo de minhas personagens, mas na diversão de meus leitores; segundo, porque simplesmente ignoramos o efeito do acidente ferroviário sobre todos os outros passageiros do trem; terceiro, porque fui eu que fiz B transmitir o sinal errado. Isto é, embora eu faça de conta que ele tenha livre-arbítrio, na verdade não tem. Entretanto, apesar das objeções, o exemplo talvez possa sugerir como a engenhosidade divina tanto pode tramar o "enredo" físico do Universo quanto pode fornecer a resposta "providencial" às necessidades de inúmeras criaturas.

Algumas dessas criaturas, contudo, têm livre-arbítrio, e é exatamente nesse ponto que devemos começar a corrigir a imagem reconhecidamente falsa da Providência que empregamos até agora. Essa imagem, devemo-nos lembrar, foi considerada falsa por representar Deus e a Natureza habitando um Tempo comum. É provável, porém, que a Natureza não esteja realmente no Tempo, e, quanto a Deus, é quase certo que não esteja. O Tempo, provavelmente (como a perspectiva), é o modo de nossa percepção. Não existe, portanto, questão relativa a Deus num ponto no tempo (o momento da criação) que adapte antecipadamente a história material do Universo aos atos voluntários que você e eu possamos vir a realizar mais tarde, a certa altura do Tempo. Todos os acontecimentos físicos e atos humanos estão presentes para Ele num Agora que é eterno. A liberação de vontades finitas e a criação de toda a história material do Universo (relacionada aos atos dessas vontades em toda a complexidade necessária) consistem numa única operação para Ele. Nesse sentido, Deus não criou o Universo há muito tempo, mas Ele o cria neste minuto — a cada minuto!

Suponhamos que eu encontre uma folha de papel e traçada nela haja uma linha preta ondulada. Posso agora me sentar e traçar outras linhas (talvez em vermelho) cuja forma combinem com a linha preta do desenho padrão. Imaginemos agora que a linha preta original seja consciente, mas não ao longo de todo o seu comprimento ao mesmo tempo, apenas em partes, em cada ponto desse comprimento.

Sua consciência, de fato, movimenta-se ao longo dessa linha, da esquerda para a direita, conservando o ponto A somente como memória até atingir o ponto B, mas inconsciente até permitir que B se torne consciente de C. Vamos dar também livre-arbítrio a essa linha preta. Ela escolhe a direção que vai seguir. A forma ondulada especial que possui é exatamente aquela que deseja ter. Todavia, embora ela só perceba sua forma escolhida momento a momento e não sabe, ao atingir o ponto D, que direção seguir no ponto F, posso ver sua forma completa e de uma só vez. Em cada momento, irá encontrar minhas linhas vermelhas à sua espera e adaptadas a ela. É claro, pois quando componho o desenho preto e vermelho completo tenho diante de mim o curso inteiro da linha preta e levo-o em consideração. Não se trata então de uma impossibilidade, mas simplesmente de meu engenho, como desenhista, de inventar as linhas vermelhas que em cada ponto tenham uma relação direta não só com a linha preta, mas umas com as outras, a fim de preencher todo o papel com um desenho aceitável.

A linha preta representa, nesse exemplo, uma criatura com livre-arbítrio. As vermelhas representam os acontecimentos materiais, e eu represento Deus. O modelo seria naturalmente mais preciso se eu tivesse feito tanto o papel quanto o padrão e se existissem centenas de milhares de linhas pretas, e não apenas uma — mas em nome da simplicidade devemos mantê-la como está.[2]

Veremos que, se a linha preta dirigisse orações a mim, eu poderia (se quisesse) atendê-las. Ela ora para que, ao atingir o ponto N, encontre as linhas vermelhas arranjadas de certa forma ao redor de si. Essa forma, pelas leis do desenho, pode exigir um equilíbrio mediante outros arranjos de linhas vermelhas em partes bem diferentes do papel — algumas no alto ou embaixo, tão distantes da linha preta que ela nada sabe a esse respeito, outras tão longe da esquerda que surjam antes do início da linha preta e algumas tão à direita que surjam depois de ela haver terminado. (A linha preta chamaria essas partes do papel "O momento antes de meu nascimento" e "O momento depois de minha morte".) Entretanto, essas outras partes do padrão exigidas por aquela forma vermelha para que a Linha Preta seja satisfeita em N não me impedem de atender à sua oração. Pois todo o seu curso esteve visível à minha frente desde o momento em que olhei para o papel, e suas solicitações para o ponto N estão entre as coisas que considerei ao decidir o padrão total.

[2]Reconhecidamente, tudo que fiz foi virar o feitiço contra o feiticeiro, ao transformar em variável o destino físico e constante das violações humanas, o que é tão falacioso quanto o oposto. Entretanto, o ponto é que um não é mais falso que o outro. Uma imagem sutil da criação e da liberdade (ou melhor, a criação daquilo que é livre e do que não é, em um único ato infinito) seria a *quase* simultânea adaptação mútua no movimento de dois parceiros dançantes especialistas [N. do A.].

A maioria de nossas orações, se plenamente analisadas, pedem um milagre ou acontecimentos cujas bases tiveram de ser lançadas antes de meu nascimento, no princípio do Universo. Contudo, para Deus (embora não para mim), tanto eu quanto a oração que fiz em 1945 já estavam tão presentes na criação do mundo como estão agora e estarão daqui a um milhão de anos. O ato criativo de Deus é eterno e eternamente adaptado aos elementos "livres" dentro dele. Todavia, essa adaptação eterna satisfaz nosso consciente como uma seqüência, pela oração e por sua resposta. Seguem-se duas inferências:

1. As pessoas perguntam com freqüência se determinado acontecimento (não um milagre) foi ou não uma resposta à oração. Penso que, se analisassem seus pensamentos, descobririam que estão perguntando: "Será que Deus fez isso com um propósito especial, ou teria acontecido de qualquer jeito, como parte do curso natural dos acontecimentos?". Mas isso (como a velha pergunta: "Você deixou de bater em sua mulher?") torna ambas as respostas impossíveis. Na peça *Hamlet*, Ofélia sobe num galho que pende sobre um rio; o galho se quebra, e ela cai e se afoga. O que responderíamos se alguém perguntasse: "Ofélia morreu porque Shakespeare quis que morresse por razões poéticas, naquele momento, ou porque o galho se quebrou?". Penso que teríamos de responder: "Por ambas as razões". Cada acontecimento na peça resulta de outros na mesma peça, mas também todos eles acontecem porque o poeta quis que fosse assim. Todos os eventos na peça são shakespearianos. Da mesma forma, todos os acontecimentos no mundo real são providenciais. Todos os acontecimentos na

peça, porém, surgem (ou deveriam surgir) da lógica dramática dos acontecimentos. Assim também, todos os eventos no mundo real (exceto os milagres) surgem de causas naturais. A "Providência" e o princípio da causalidade Natural não são alternativas: ambos determinam cada evento por serem ambos uma mesma coisa.

2. Quando estamos orando, por exemplo, a respeito dos resultados de uma batalha ou de uma consulta médica, o pensamento de que algo já está decidido, de uma ou de outra forma, passa muitas vezes pela nossa mente. Não acredito que essa seja uma boa razão para deixarmos de orar. O evento com certeza já foi decidido, no sentido de que já o foi "antes de todos os mundos". Entretanto, uma das coisas levadas em consideração ao decidi-lo e, portanto, o que realmente levou ao seu acontecimento pode ser justamente a oração que estamos fazendo agora. Assim, por mais contrário que pareça, concluo que ao meio-dia podemo-nos tornar causas parciais de um evento ocorrido às 10 da manhã. (Alguns cientistas achariam isso mais fácil do que pensa a maioria.) A imaginação, sem dúvida, tentará pregar-nos toda sorte de peças nesse ponto. Ela nos fará perguntas como: "Então, se eu deixar de orar, Deus poderá voltar atrás e alterar o que já aconteceu?". Não! O evento já aconteceu e uma de suas causas é o fato de você estar fazendo tais perguntas, em vez de orar. "Ora, se eu começar a orar, Deus pode retroceder e alterar o que já aconteceu?" Não! O acontecimento já ocorreu, e uma de suas causas é sua oração de agora. Portanto, alguma coisa realmente depende de minha escolha. Meu ato voluntário contribui para a harmonia

cósmica, e essa contribuição é feita na eternidade ou "antes de todos os mundos", porém a percepção de que devo contribuir me alcança num ponto particular, na sucessão temporal.

As seguintes perguntas podem ser feitas: "Se podemos orar racionalmente por algo que deve ter acontecido ou deixado de acontecer algumas horas atrás, por que não podemos orar por um algo que sabemos que *não* aconteceu: por exemplo, orar pela segurança de alguém que sabemos ter morrido ontem?". O que faz a diferença é precisamente nosso conhecimento. O evento conhecido explica a vontade de Deus. É psicologicamente impossível orar por aquilo que sabemos ser inatingível. E, se fosse possível, a oração seria um pecado contra o dever de submissão à vontade conhecida de Deus.

Resta ainda uma conseqüência a ser analisada. Nunca é possível provar empiricamente que um acontecimento não milagroso foi ou não uma resposta à oração. E, já que não é milagroso, o cético pode sempre apontar para suas causas naturais e dizer: "Por causa desse fato, isso teria acontecido de qualquer jeito". E o crente deve sempre responder: "Mas por terem sido apenas elos numa cadeia de acontecimentos, dependendo de outros elos, e a cadeia inteira dependendo da vontade de Deus, eles podem ter ocorrido em resposta a algum pedido de oração". A eficácia da oração, portanto, não pode ser confirmada nem negada sem o exercício da vontade, a qual escolhe ou rejeita a fé à luz de toda uma filosofia. A evidência experimental nada significa, de ambos os lados. Na seqüência M-N-O, o acontecimento N, a menos que seja um milagre, é sempre causado por M e causa O. No entanto, a verdadeira questão é se a série total (digamos A-Z) se origina ou não em uma vontade que pode levar as orações humanas em consideração.

Essa impossibilidade de comprovação empírica é um imperativo espiritual. O homem que soubesse empiricamente que determinado acontecimento tenha ocorrido em resposta à sua oração se sentiria um mágico. Ficaria com a cabeça virada, e seu coração se corromperia. O cristão não deve perguntar se este ou aquele acontecimento ocorreu em resposta a uma oração, mas deve acreditar que todos os eventos, sem exceção, são *respostas* à oração, no sentido de que, se atendidas ou recusadas, as orações de todos os aflitos, bem como suas necessidades, são todas levadas em consideração por Deus. Todas as orações são ouvidas, mas nem todas são atendidas. Não devemos imaginar o destino como um filme que se desenrola em sua maior parte por si mesmo e em cujo enredo nossas orações podem, às vezes, inserir elementos adicionais. Pelo contrário, o que o filme exibe para nós, enquanto se desenrola, já contém os resultados de nossas orações e de todos os demais atos que praticamos. A questão não é *se* um evento ocorreu por causa de suas orações. Quando o evento pelo qual oramos ocorre, é porque a oração já contribuiu para isso. Quando o evento contrário ocorre, não é porque a oração foi ignorada, mas considerada e recusada para o supremo bem de quem orou e para o bem de todo o Universo. (Por exemplo, pode ser melhor para nós e para todos os demais, no devido tempo, que outras pessoas, mesmo as perversas, exerçam livre-arbítrio, em vez de sermos protegidos da crueldade e da traição, transformando os seres humanos em autômatos.) Mas isso é e deve permanecer uma questão de fé, pois, segundo meu ponto de vista, só seremos enganados se tentarmos encontrar evidências especiais para isso em alguns casos mais que em outros.

Obras de Lewis publicadas em português

Por Editora Vida

A anatomia de uma dor

O grande abismo

O problema do sofrimento

Milagres

Cartas a uma senhora americana

Outras editoras

A abolição do homem

As crônicas de Nárnia

Cartas de um diabo a seu aprendiz

Cristianismo puro e simples

O peso de glória: mensagens para o homem moderno

Os quatro amores

Para além do planeta silencioso

Perelandra

Aquela força medonha

Surpreendido pela alegria

Sobre o Autor por Editora Vida

C. S. Lewis: o mais relutante dos convertidos

Pedagogia cristã na obra de C. S. Lewis

Esta obra foi composta em *Agaramond* e impressa
por Imprensa da Fé sobre papel *Chamois Fine* 67 g/m² para
Editora Vida em dezembro de 2006.